Joseph von Eichendorff

Aus dem Leben eines Taugenichts

Bearbeitet von **Achim Seiffarth**
Illustriert von **Gianluca Garofalo**

Redaktion: Jacqueline Tschiesche
Projektleitung und Graphik: Nadia Maestri
Computerlayout: Sara Blasigh
Bildbeschaffung: Laura Lagomarsino

© 2008 Cideb Editrice, Genua

Erstausgabe: Juli 2008

Fotonachweis:
De Agostini Picture Library: 4, 80; Ullstein Bild - CARO/Bastian: 5.

Trotz intensiver Bemühungen konnten nicht alle Inhaber von Text- und Bildrechten ausfindig gemacht werden. Für entsprechende Hinweise ist der Verlag dankbar.

Alle Rechte vorbehalten. Die Verbreitung dieses Buches oder von Teilen daraus durch Film, Funk oder Fernsehen, der Nachdruck und die fotomechanische Wiedergabe sind nur mit vorheriger schriftlicher Genehmigung des Verlages gestattet.

Wir würden uns freuen, von Ihnen zu erfahren, ob Ihnen dieses Buch gefallen hat. Wenn Sie uns Ihre Eindrücke mitteilen oder Verbesserungsvorschläge machen möchten, oder wenn Sie Informationen über unsere Verlagsproduktion wünschen, schreiben Sie bitte an:

www.cideb.it

The Publisher is certified by

in compliance with the UNI EN ISO 9001:2000 standards for the activities of 'Design, production, distribution and sale of publishing products.' (certificate no. 04.953)

ISBN 978-88-530-0872-5   Buch + CD

Gedruckt in Genua, Italien, bei Litoprint

Inhalt

Auftakt		4
Kapitel 1	In die weite Welt	9
Kapitel 2	Gärtner im Schloss	16
Kapitel 3	Ein Lied für sie	25
Kapitel 4	Eine neue Stelle	32
Kapitel 5	Blumen für die Gärtnerin	40
Kapitel 6	Auf Reisen	48
Kapitel 7	Zwei Maler	58
Kapitel 8	Auf der Burg	66
Kapitel 9	In Rom	74
Kapitel 10	Römische Nacht	84
Kapitel 11	Die drei Studenten	92
Kapitel 12	Und es ist alles, alles gut	99
Dossier	*Sehnsucht* und *Weltschmerz*: typisch deutsch?	55
	Heute hier, morgen dort – Das Wandern ist des Müllers Lust	80

INTERNETPROJEKT 73, 108

ÜBUNGEN 7, 13, 21, 29, 37, 45, 52, 57, 63, 70, 78, 82, 83, 89, 97, 105

ABSCHLUSSTEST 109

Die CD enthält den vollständigen Text.
Das Symbol kennzeichnet den Anfang der Hörübungen.

Auftakt
Joseph von Eichendorff

Joseph von Eichendorff wurde 1788 auf Schloss Lubowitz geboren. Das lag in Ratibor, weit im Osten Schlesiens (heute: *Raciborz*). Doch ist Eichendorff einer der vielen schlesischen Landadeligen, die nicht viel reicher sind als einfache Bauern. *Brotlose Künste* kann er also nur in seiner Freizeit treiben.

Joseph studiert Jura in Halle, Heidelberg und Wien. Er lernt viele junge Dichter kennen: Achim von Arnim, Clemens Brentano, Heinrich von Kleist, Novalis. Aber er ist anders: ruhiger vielleicht, vor allem: streng katholisch.

Es sind Kriegsjahre. Deutschland ist von Napoleon besetzt. Viele junge Deutsche kämpfen als Freiwillige gegen die Franzosen. Für die deutsche Nation (die es noch nicht gibt), für die Freiheit (die sie nicht bekommen). Auch Eichendorff ist dabei. Er gehört zu den berühmt gewordenen Lützower Jägern.

Nach dem Krieg heiratet Joseph. Seine Frau Luise ist auch nicht reich. Es ist eine Liebesheirat. 1816 wird Eichendorff Referendar in Preußen. Jahrelang hat es die junge Familie (Tochter Theresa wird 1817 geboren) finanziell nicht leicht. Eichendorff schreibt nach Büroschluss - meistens Gedichte - und übersetzt Calderon de la Barca aus dem Spanischen. Auch Eichendorffs Erzählung

Die Ruine des Wohnhauses von Joseph von Eichendorff in Lubowitz in Oberschlesien (Polen)

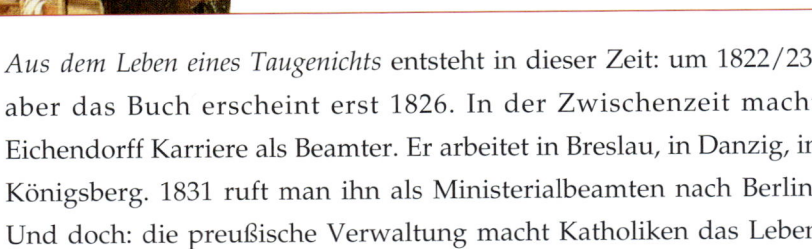

Aus dem Leben eines Taugenichts entsteht in dieser Zeit: um 1822/23, aber das Buch erscheint erst 1826. In der Zwischenzeit macht Eichendorff Karriere als Beamter. Er arbeitet in Breslau, in Danzig, in Königsberg. 1831 ruft man ihn als Ministerialbeamten nach Berlin. Und doch: die preußische Verwaltung macht Katholiken das Leben schwer. 1845 gibt Eichendorff seinen Abschied.

1855 zieht er zu seiner Tochter nach Neisse (heute: *Nysa*), wo er 1857, zwei Jahre nach seiner Frau, stirbt.

Dieser *letzte Romantiker*, wie er sich auch selbst nennt, führte ein ruhiges und zurückgezogenes Leben. Am Feierabend schrieb er Gedichte und Geschichten voll Gefühl und Ironie. Auch der

Ein Schriftsteller der Romantik bei der Arbeit?
Wilhelm Benz, *Wohnraum in Ameliegade*, (1830)

Taugenichts, diese Geschichte eines jungen, fröhlichen Nichtstuers, stand sicher in Kontrast zur preußischen Beamtenwelt. Hasste Eichendorff seine Arbeit? Wir wissen es nicht. Anders als die Frühromantiker Schlegel und Novalis, anders auch als der schwarze Romantiker E.T.A. Hoffmann, kritisiert Eichendorff die Welt der Philister (*Spießer*) und Pedanten nicht direkt. Er hat nicht protestiert. Von Rebellion wollte er nichts hören, vor der Revolution hatte er Angst. Was heute für viele Romantik ist: Naturempfinden, Wanderlust und Weltschmerz, die Aversion gegen Bürostaub und Konvention, das geht auf Eichendorff zurück.

❶ Was ist richtig?

1. Eichendorff kommt aus einer
   - a ☐ reichen Arztfamilie.
   - b ☐ reichen Adelsfamilie.
   - c ☐ armen Adelsfamilie.
2. Eichendorff kommt aus einer Stadt in
   - a ☐ Polen.
   - b ☐ Schlesien, die heute in Polen liegt.
   - c ☐ der Ex-DDR.
3. Eichendorff studiert
   - a ☐ nicht, weil er kein Geld hat.
   - b ☐ Geologie, weil ihn die Natur interessiert.
   - c ☐ Rechtswissenschaft.
4. Eichendorff heiratet Luise
   - a ☐ aus Liebe.
   - b ☐ wegen des Geldes.
   - c ☐ weil sie ein Kind bekommt.
5. Eichendorff liebt
   - a ☐ die geordnete Welt des Büros.
   - b ☐ die freie Natur und freie Menschen.
   - c ☐ sein Schloss in Ratibor.
6. Der Schriftsteller Eichendorf zählt zur
   - a ☐ Spätromantik.
   - b ☐ Frühromantik.
   - c ☐ Neuromantik.

Darsteller
Von links nach rechts:
Ältere Frau, Guido (Maler), Portier, gnädige Frau, Taugenichts, Mönch, Leonhard (Maler), römischer Maler, Kammerjungfer, buckliges Männlein.

Kapitel 1
In die weite Welt

Die Vögel singen. Endlich ist der Frühling da. Ich sitze vor der Tür in der Sonne.

Da kommt mein Vater aus der Mühle.

Er arbeitet seit dem frühen Morgen, wie immer.

„In der Sonne sitzen und faulenzen, das kannst du", sagt er zu mir. „Du Taugenichts [1]! Sonnst dich hier und mich lässt du alles allein machen. Aber essen willst du dann. Damit ist jetzt Schluss! Der Frühling steht vor der Tür. Ich kann dich hier nicht mehr brauchen. Geh hinaus in die Welt und sieh selbst, wo du etwas zu essen bekommst!"

Das ist keine schlechte Idee, denke ich mir und sehe den Vögeln auf den Bäumen nach.

Ich gehe ins Haus und hole meine Geige [2]. Mein Vater gibt mir

---

1. **r Taugenichts, e**: jemand, der für nichts gut ist.
2. **e Geige, n**: (Musikinstrument) Violine.

Aus dem Leben eines Taugenichts

noch etwas Geld, und schon gehe ich durch das lange Dorf hinaus.

Rechts und links marschieren meine Freunde und Kameraden auf die Felder und in die Gärten. Für mich ist heute Sonntag. Ich gehe fort, hinaus in die Welt.

„Adieu!" rufe ich ihnen zu. Hören sie mich? Sie haben anderes zu tun, die Armen.

Endlich liegt das Dorf hinter mir. Ich gehe auf der Landstraße immer geradeaus. Ich nehme meine Geige und spiele und singe.

In die weite Welt

> Die Faulen, die zu Hause liegen
> Die sehen nicht das Morgenrot
> Sie denken nur ans Kinderkriegen
> An Arbeit, Müh', an Geld und Brot.

Dann höre ich einen Wagen hinter mir, aber ich singe mein Lied zu Ende:

> Die Bäche von den Bergen springen
> Die Vögel fliegen hoch voll Lust
> was soll ich nicht mit ihnen singen
> so laut ich kann, aus voller Brust?

Aus dem Leben eines Taugenichts

Der Wagen fährt jetzt neben mir.

Mit so etwas fahren die reichen Leute: eine Kutsche. Zwei elegante Damen sehen heraus.

Die eine ist jünger und schöner als die andere. Aber sie gefallen mir alle beide. Die ältere spricht mich an: „Sie singen aber schöne Lieder, junger Mann!"

Schnell antworte ich: „Für Euch singe ich gern noch viel schönere, meine Damen!"

„Wohin wandert Ihr denn am frühen Morgen?" will die jüngere wissen.

Tja, wohin? Was soll ich sagen? In eine Stadt …

„Nach Wien!" sage ich laut.

Die ältere lacht und sagt dann: „Springen Sie nur hinten auf, wir fahren auch nach Wien!"

Mit einem Sprung bin ich hinten auf dem Wagen und los geht's! Wir fahren schnell.

Das Dorf, die Gärten, die Kirchtürme hinter mir werden immer kleiner. Unten fliegen Bäume und Büsche vorüber.

„Juchhu!" rufe ich laut. Es ist zu schön. Ich kann nicht still sitzen. Ich springe und tanze hinten auf der Kutsche.

Die Sonne steht jetzt hoch am Himmel. Es wird heiß. Allein sitze ich oben auf der Kutsche und muss nun doch an mein Dorf denken, an meinen Vater und unsere Mühle. Wie schön kühl war es dort zu Hause unter den Bäumen, und wie weit bin ich jetzt schon fort! Soll ich nicht doch lieber wieder nach Hause? Gedankenvoll setze ich mich hin und schlafe ein.

ÜBUNGEN

Textverständnis

1 Was ist richtig (R), was ist falsch (F)?

		R	F
a	Der Erzähler möchte zu Hause bleiben.	☐	☐
b	Sein Vater arbeitet schon am frühen Morgen.	☐	☐
c	Sein Vater will nicht, dass er zu Hause bleibt.	☐	☐
d	Der Erzähler ist traurig, denn er will bei seinem Vater bleiben.	☐	☐
e	Auf der Straße bleibt der Taugenichts bei seinen Freunden stehen.	☐	☐
f	Der Taugenichts will wie die Faulen leben.	☐	☐
g	Der Taugenichts spielt ein Musikinstrument.	☐	☐
h	Der Taugenichts geht nicht lange zu Fuß.	☐	☐

2 Ergänze mit dem Wort aus der Liste.

> faul   Geige   hinaus   Kutsche   Mühle   wandert

a Der Vater kommt aus der .... und ist böse.
b Der Taugenichts ist .... und soll in die Welt ....
c Er .... auf der Landstraße und spielt ....
d Da nehmen ihn zwei Damen auf ihrer .... mit.

Wortschatz

1 Welches Adjektiv (Adverb) passt zu welcher Definition?

> arm   faul   heiß   laut   müde   schnell   still   weit

a Jemand, der keine Lust zum Arbeiten hat, ist ....
b Jemand, der viel spricht, ist nicht ....
c Was man nicht in der Nähe hat, das liegt ....

ÜBUNGEN

d Wer wenig Geld hat, ist ....
e Wenn es wärmer ist als warm, ist es ....
f Wen alle hören können, der spricht ....
g Wenn wir für die Fahrt nur wenig Zeit brauchen, fahren wir ....
h Wer zu wenig schläft, ist ....

2 Wer oder was ist schneller, am schnellsten? Sortiere die drei Wörter.

> Beispiel: *der Blitz — das Fahrrad — der Zug*
> → *Fahrrad — Zug — Blitz*

a laufen — fliegen — wandern
b Kutsche — Flugzeug — Auto
c schwimmen — laufen — fahren
d Esel — Pferd — Mensch
e Boot — Rakete — Motorrad
f Gedanke — Vogel — Wanderer

Grammatik

1 Präposition und Artikel. Streiche, was nicht passt.

a Am Morgen sitze ich (*in/im*) Haus und denke nach.
b Da kommt mein Vater aus (*der/die*) Küche.
c Ich soll ihm (*bei die/beim*) Abwaschen helfen.
d Aber ich gehe lieber vor (*die/der*) Tür und setze mich (*in/an*) die Sonne.
e Da kommt er auch (*aus dem/vom*) Haus.
f Er sagt: „Geh in (*die/der*) Stadt und suche dir eine Arbeit!"
g Ich gehe (*für/auf*) der Straße nach Hamburg.
h Da kommt eine Kutsche und bleibt neben (*mir/mich*) stehen.
i Ich darf mich (*an/auf*) die Kutsche setzen und mitfahren.

ÜBUNGEN

2 Personalpronomen. Streiche, was nicht passt.

a Ich denke über (*dich/dir*) nach.
b Er sagt etwas zu (*sie/ihr*).
c Keine schlechte Idee, denke ich (*mir/mich*).
d Ich brauche (*dir/dich*) nicht mehr.
e Ich rufe (*dir/dich*) morgen an.
f „Adieu!" rufe ich (*sie/ihnen*) zu.
g Im Bus spricht er (*sie/ihr*) endlich an.
h Ich antworte (*Ihnen/Sie*) morgen.

Sprich dich aus

1 Der Vater schickt seinen Sohn fort. Findest du das normal und richtig? In welchem Alter dürfen oder sollen Eltern ihren Kindern sagen: „Jetzt geh!" Dürfen oder sollen sie das nur tun, wenn die Kinder faul oder böse sind oder gibt es noch andere gute Gründe? Wann hast du/ willst du dein Elternhaus verlassen? Mit 16, mit 21, mit 30?

2 Der Taugenichts singt hier von den „Faulen", die zu Hause liegen. Was tun die Leute zu Hause in Wirklichkeit? Was sagen Nachbarn und Freunde über ihn?

Schreib's auf

1 Du hast ein Jahr in einer deutschen Universitätsstadt allein gelebt und kommst nächste Woche wieder nach Hause zu deinen Eltern zurück. Sie freuen sich schon auf ihr Kind. Aber du bist nicht mehr dieselbe Person wie vor einem Jahr und möchtest jetzt anders (freier) leben. Erkläre deinen Eltern in einem kurzen Brief, was jetzt anders werden muss (z. B. zu den Themen *ausgehen*, *wegfahren*, *Freunde einladen*, *lange schlafen* ...).

Kapitel 2
Gärtner im Schloss

Als ich wieder wach werde, steht der Wagen unter Bäumen vor einem Schloss. Von weitem sehe ich auch die Türme von Wien. Aber wo sind die Damen?

Oben aus den Fenstern höre ich ein Lachen.

Ich springe von der Kutsche und gehe ins Schloss.

Seltsam, so ein Schloss, aber in der Vorhalle ist es schön kühl. Ich will weiter hinein gehen, aber da steht ein Mann vor mir. Ein Herr! Er trägt eine lange blaue Jacke, hat einen silbernen Stock in der Hand und vor allem eine sehr große, aristokratische Nase.

„Was willst du hier?" fragt er mich. Freundlich ist er nicht. Er macht mir Angst. Dann kommen noch andere Männer dazu, alle in blauen Jacken, und sehen mich von oben bis unten an.

„Charmant!" höre ich da eine Dame sagen. Sie kommt auf mich zu und sagt: „Die gnädige [1] Frau lässt fragen, ob Sie hier als

---

1. **gnädig**: aristokratisch und gut.

Aus dem Leben eines Taugenichts

Gärtner arbeiten wollen."

Arbeiten? Geld verdienen? Das Geld von meinem Vater muss mir bei der Fahrt herausgefallen sein.

„Gern, gnädige Frau."

Der Mann mit der großen Nase lacht. „Für dein Geigenspiel gibt dir sicher niemand was, wie?"

Da kommt auch schon der Gärtner.

„Das hat mir noch gefehlt", sagt er böse. „So ein Bauernlümmel [1], ein Landstreicher [2] in meinem Garten. Nun komm!"

Ich folge ihm in den Garten. Ich soll nicht trinken, sagt er, und nicht faul in der Sonne liegen, sondern immer schön arbeiten, nicht ans Geigenspiel und andere brotlose Künste denken. „Vielleicht wird dann noch etwas aus dir", sagt er.

Ich brauche nur immer „ja" zu sagen und er ist zufrieden.

So habe ich denn, Gott sei Dank, Arbeit und Brot.

Das Leben im Garten ist nicht schlecht. Ich habe täglich mein Essen und mehr Geld, als ich für den Wein brauche. Leider muss ich auch etwas fürs Geld tun. Ich darf hier nicht spazieren gehen und philosophieren wie die Damen und Herren. Bäume, Büsche, grüne Tempel, das heißt Arbeit. Erst wenn der Gärtner fort ist, kann ich mich hinsetzen und in Ruhe mein Pfeifchen rauchen. Dann träume ich davon, wie ich als Kavalier mit der jungen schönen Dame hier spazieren gehe und ihr Komplimente mache. Oder wenn es zu heiß ist, lege ich mich ins Gras und sehe den Wolken nach. Und da geht dann oft die junge gnädige Dame durch den Garten, mit der Gitarre oder einem Buch in der Hand, wie im Traum.

1. **r Bauernlümmel**, =: (*negativ*) Bauer ohne Manieren.
2. **r Landstreicher**, =: Vagabund.

Gärtner im Schloss

Einmal singe ich bei der Arbeit:

Wohin ich geh' und schaue,
In Feld und Wald und Tal,
Vom Berg ins Himmelblaue
Sehr schöne, gnädige Fraue
Grüß ich dich tausend Mal.

Aus einem halboffenen Fenster, zwischen Blumen, sehen dort zwei junge schöne Augen zu mir her. Ich singe das Lied nicht zu Ende und gehe schnell weiter.

Eines Abends stehe ich mit der Geige am Fenster des Gartenhauses und will spielen, denn ich freue mich auf den Sonntag. Da kommt auf einmal eine Frau zu mir, die ich noch vom ersten Tag hier kenne. Es ist, wie ich jetzt weiß, die Kammerjungfer[1].

„Hier, das ist von der sehr schönen gnädigen Frau, das sollt Ihr auf ihre Gesundheit trinken." Sie stellt mir eine Flasche Wein vor die Nase. und läuft schnell fort.

Ich stehe noch lange vor der wunderbaren Flasche, spiele und singe das Lied von der schönen Frau bis zu Ende und alle meine Lieder, bis die Nachtigallen[2] wach werden und Mond und Sterne schon lange über dem Garten stehen. Ja, das ist einmal eine gute, eine schöne Nacht.

Am Tag darauf komme ich dann aber doch ins Nachdenken. Wie soll es weitergehen mit mir? Soll denn nichts aus mir werden?

---

1. **e Kammerjungfer, n**: hilft der Dame beim Anziehen etc. (e Jungfer, n: unverheiratete Frau).
2. **e Nachtigall, en**: Vogel, der nachts singt.

Aus dem Leben eines Taugenichts

Von jetzt an stehe ich immer sehr früh auf, noch vor dem Gärtner und den anderen Arbeitern. Am Morgen ist es so schön im Garten. Und auf den Wegen, zwischen den hohen Bäumen, ist es wunderbar kühl und ruhig, wie in einer Kirche.

Vor dem Schloss, unter den Fenstern der schönen Frau, steht ein großer Busch. Jeden Morgen gehe ich als erstes dorthin und warte. Weiß und warm kommt sie ans Fenster und sieht in den Garten hinaus. Manchmal nimmt sie die Gitarre in den Arm und singt dazu so wunderschön. Mir will das Herz brechen vor Traurigkeit.

So geht das über eine Woche. Eines Morgens aber, ich stehe wieder dort, muss ich laut niesen[1], immer wieder.

Die schöne Dame sieht nach unten und sieht mich hinter dem Busch stehen. Das Fenster geht zu.

Viele Tage gehe ich nicht mehr hin. Als ich doch wieder einmal ans Fenster komme, bleibt es geschlossen. Vier, fünf, sechs Morgen sitze ich hinter dem Busch, aber sie kommt nicht ans Fenster. Jetzt habe ich keine Angst mehr und gehe frei durch den Garten am Schloss entlang, vorbei an allen Fenstern. Aber die liebe, schöne Frau sehe ich nicht mehr dort. Ein Stück weiter steht die andere Dame am Fenster. Zum ersten Mal sehe ich sie mir genau an. Sie ist doch recht schön rot und dick, vielleicht ein bisschen arrogant, wie eine Tulipane. Ich grüße sie immer und sie antwortet mir jedes Mal.

Die Schöne kommt jetzt nicht mehr in den Garten und auch nicht mehr ans Fenster. Ich habe keine Lust mehr zum Arbeiten, und der Gärtner sagt immer wieder, ich bin ein Taugenichts.

---

1. **niesen**: „hatschi".

ÜBUNGEN

Textverständnis

1 Wer macht was?

a Die gnädige Frau
b Der Gärtner
c Der Portier
d Der Taugenichts

- [ ] 1 lacht über den jungen Mann.
- [ ] 2 will den jungen Mann nicht als Gärtner haben.
- [ ] 3 erklärt ihm, was er nicht tun darf.
- [ ] 4 will wissen, was der junge Mann dort macht.
- [ ] 5 lässt dem jungen Mann eine Arbeit als Gärtner geben.
- [ ] 6 ist der junge Mann und wird jetzt Gärtner.
- [ ] 7 hat kein Geld.
- [ ] 8 liegt gern in der Sonne.

2 Welche Antwort ist richtig?

a Was ist eine brotlose Kunst (sagt der Gärtner)?
- [ ] Gärtnerei.
- [ ] Geigenspielen.
- [ ] Trinken.

b Was raucht der Taugenichts gern?
- [ ] Zigarren.
- [ ] Pfeife.
- [ ] Joints.

c Was macht der Gärtner im Schlosspark nicht?
- [ ] Komplimente.
- [ ] Arbeiten.
- [ ] Singen.

d Für wen singt der Taugenichts?
- [ ] Für seine Freundin.
- [ ] Für die junge schöne Dame.
- [ ] Für seine Mama.

ÜBUNGEN

3 Die Schöne und der Taugenichts. Welche Ergänzung passt?

a Der Taugenichts denkt, ...
b Der Taugenichts singt ....
c Der Taugenichts steht ....
d Der Taugenichts wartet ....
e Der Taugenichts will ....

1 im Garten auf die Schöne
2 die schöne Frau ist die Herrin des Schlosses
3 ein Lied als Gruß an die schöne Frau
4 etwas werden
5 morgens vor dem Fenster der schönen Frau

Wortschatz

1 Sortiere

s Auto r Baum e Blume r Busch s Fahrrad e Flöte
e Geige s Gras s Horn s Klavier e Kutsche e Margherite
r Roller e Rose r Strauch ~~e Tulpe~~ r Wagen

Pflanze	Musikinstrument	Fahrzeug
e Tulpe		

Grammatik

1 Was passt?

Jeden Morgen **a** .... ich **b** .... Fenster der Frau und warte **c** .... sie. Eines Tages muss ich **d** .... und sie sieht **e** .... hinter **f** .... Busch. Lange kommt sie nicht wieder **g** .... Fenster. Ich habe keine Lust mehr **h** .... arbeiten.

a setze — stehe — lege
b ans — unter das — unter dem
c auf — für — vor
d genießen — niesen — geniest
e mich — mir — meins
f der — dem — den
g durch — neben das — ans
h X — zu — zum

2 Wann und wo ist es passiert? Bilde Sätze.

Beispiel: *17. Mai/ Bochum → Am 17. Mai in Bochum*

a 12. August/Schule ....
b 16 Uhr/Wien ....
c Weihnachten/Fest ....
d Ostern/Gebirge ....
e Ferien /See ....
f ein Abend/Strand ....
g Nacht/Schloss ....
h 28. Februar/Geburtstagsfeier ....

ÜBUNGEN

Hör zu

1 Der Gärtner sucht den Taugenichts. Der liegt unter einem Busch und liest. Was sagt der Gärtner? Was sagt er nicht?

a Du musst hier etwas für dein Geld tun.
b Mit deiner Musik kannst du nichts werden.
c Ich gehe jetzt zur gnädigen Frau und sage ihr, dass du faul bist.
d Immer liegst du hier in der Sonne und schläfst.
e Lass die Bücher und arbeite.
f Mit Philosophie kannst du kein Geld verdienen.

Sprich dich aus

1 Jeden Morgen, wenn du aufstehst, machst du als erstes ein wenig Gymnastik am offenen Fenster. Und jeden Morgen steht da ein junger Mann eine junge Frau hinter einem Busch und sieht dir zu. Eine Tages wird es dir zuviel. Was sagst du zu ihm/ihr?

Schreib's auf

1 Du bist der Gärtner im Schlossgarten und hast seit zwei Wochen den Taugenichts als Hilfe. Wie arbeitet er? Ist er fleißig? Der Schlossherr bittet dich, einen kurzen Kommentar über den neuen Lehrling zu schreiben.

Kapitel 3
Ein Lied für sie

Eines Sonntags sitze ich allein in einem Boot am kleinen See im Schlosspark und ärgere mich. „Morgen ist Montag und da muss ich wieder arbeiten", sage ich mir schlecht gelaunt. „Warum bin ich nicht Handwerker geworden? Die machen am Montag blau [1]. Am Sonntag gehen sie tanzen und trinken. Schon auf dem Weg tanzen sie, machen Musik und singen. Das ist Leben!"

Da höre ich von weitem Leute kommen, lautes Sprechen und Lachen, immer näher und näher.

Schon kann ich rot und weiß ihre Kleider durch die Büsche sehen, dann stehen sie vor mir. Eine Gruppe junger Herren und Damen vom Schloss, und meine beiden Damen sind unter ihnen. Ich stehe auf und will schnell weggehen, doch schon hat mich die ältere von den schönen Damen gesehen.

---

1. **blau machen**: nicht arbeiten gehen.

Aus dem Leben eines Taugenichts

„Ihr kommt ja wie gerufen!" sagt sie laut. „Fahrt uns doch bitte über den Teich!"

Die Damen steigen nun eine nach der anderen ängstlich ins Boot und die Herren halten sie an der Hand und setzen sich dann selbst dazu. Alle lachen, manchmal schreien die Damen kurz auf.

Ein Lied für sie

Die schöne Frau sitzt da und sieht still ins Wasser, wo sich ihr Bild spiegelt wie ein Engel, der leise durch den Himmel zieht.

Die lustige Dicke hat eine Idee. Ich soll ihnen etwas vorsingen. Ich aber sage, ich kenne kein Lied für die Herren und Damen. Aber auch die Kammerjungfer sitzt mit im Boot und sagt:

Aus dem Leben eines Taugenichts

„Ach nein? Sie singen doch sonst immer ein schönes Lied von einer sehr schönen Frau!" „Ja, das müssen Sie singen!" ruft die dicke Dame. Ich werde ganz rot. Da sieht mir die Schöne kurz in die Augen, ich denke nicht mehr lange nach und beginne zu singen.

> *Wohin ich geh und schaue,*
> *In Feld und Wald und Tal*
> *Vom Berg hinab in die Aue* [1]
> *Sehr schöne, hohe Fraue,*
> *Grüß ich dich tausend Mal.*
>
> *In meinem Garten find ich*
> *Viel Blumen, schön und fein,*
> *Dir darf ich keine schenken,*
> *Du bist zu hoch und schön.*
> *Darf aber an dich denken,*
> *Im Herzen bleibst du mein.*

Die Herren sehen mich an und lachen leise. Endlich kommen wir ans andere Ufer. Die Damen und Herren gehen an Land. Ein Herr mit Brille gibt mir die Hand und sagt mir etwas, ich weiß nicht mehr was. Die Schöne geht mit den anderen fort, ohne mich auch nur anzusehen. Als ich allein bin, stehen mir die Tränen in den Augen. Das Herz will mir brechen vor Schmerz. Sie ist so schön, denke ich, und ich so arm und allein auf der Welt. Ich lege mich unter den nächsten Busch und weine.

1. **e Aue, n**: Wiese.

ÜBUNGEN

Textverständnis

1 Was ist richtig?

1   Der Taugenichts sitzt am Sonntag
    a ☐ unter einem Busch.
    b ☐ in einem Boot.

2   Da kommen
    a ☐ Damen und Herren.
    b ☐ nur die beiden Damen.

3   Der Taugenichts soll die
    a ☐ Damen und Herren ins Boot setzen.
    b ☐ Gruppe über den See bringen

4   Einer der Herren
    a ☐ möchte den Mann aus dem Volk singen hören.
    b ☐ meint, Volksmusik ist oft primitiv.

5   Die junge gnädige Frau sitzt auch im Boot,
    a ☐ sagt aber nichts.
    b ☐ und will ein Volkslied hören.

6   Der Taugenichts darf ihr keine Blumen schenken, denn sie
    a ☐ steht sozial höher als er.
    b ☐ ist größer und schöner als er.

7   Nach der Fahrt ist der Taugenichts traurig, denn er
    a ☐ ist ein armer Mann und die gnädige Frau ist eine Dame.
    b ☐ hat nicht so gut gesungen, wie er wollte.

2 Beantworte kurz die Fragen.

a   Der Taugenichts ist neidisch auf die Handwerker, das heißt: er findet ihr Leben schöner als seins. Warum?
b   Der Taugenichts möchte nicht singen. Warum nicht?
c   Wie sieht er die Reaktion der Herren?

ÜBUNGEN

Wortschatz

1 Nochmals Adjektive. Diesmal ohne Hilfe! Setze die Gegenteile ein.

a Um sechs Uhr ist es noch dunkel, um acht Uhr ist es ………… .
b Die ältere ist dick, die jüngere ………… .
c Der Film ist traurig, aber der junge Mann findet ihn ………… .
d Die Großstadt liegt weit von hier, das Schloss ………… beim Dorf.
e Der Lehrer schreit laut: „Warum seid ihr nicht ………… ?"
f „Der gelbe Pullover ist noch nass!" „Dann zieh den roten an, der ist ………… ."
g Unsere Kasse ist leer, aber euer Portemonnaie ist ………… .
h Zu Fuß sind wir langsam, mit dem Fahrrad ………… .
i Der Gärtner ist fleißig, der Taugenichts ist ………… .
j Ein Deutschkurs ist teuer, ein Deutschbuch ………… .

Grammatik

1 Adjektivdeklination. Wie heißt die richtige Endung? Streiche, was nicht passt!

a Ich habe keine trocken(e/en) Strümpfe.
b Da ist ja schon wieder der faul(e/er) Gärtner.
c Ich suche ein billig(e/es) Deutschbuch.
d Da steht noch eine voll(e/en) Flasche.
e Er kauft sich ein schnell(en/es) Auto.
f Ich will einen langsam(en/e) Wagen.
g Das ist ein lustig(e/er) Mann.
h Hast du die dick(e/en) Pullover gesehen?

ÜBUNGEN

2 Präpositionen. Steht links von dir der eine und rechts von dir der andere? Dann stehst du *zwischen* zwei Personen. Stehen aber viele Leute um dich herum, stehst du *unter* vielen Menschen. Einfach, oder? Was passt? *unter* oder *zwischen*?

a Endlich wieder .... Menschen.
b Er setzt sich .... Susanne und Anna.
c Es gibt eine Diskussion .... zwei Politikerinnen.
d Ich fahre nicht nach Rimini. .... so vielen Deutschen fühle ich mich nicht wohl.
e .... seinen Büchern muss auch noch das alte Deutschbuch sein.

Sprich dich aus

1 Rangdifferenzen. Er ist arm und sie ist reich, sie hat studiert und er ist Handwerker, sie ist adlig (eine Aristokratin), er ein Arbeiter (oder umgekehrt) ... Können sie sich lieben? Können Sie heiraten? Ist das für Männer und für Frauen dasselbe? Warum ist die Situation des verliebten Taugenichts besonders problematisch?

Schreib's auf

1 Er/sie liebt dich und hat dir einen Liebesbrief geschrieben. Er/sie gefällt dir auch, aber ihr kennt euch noch gar nicht und habt noch nie miteinander gesprochen. Wie könnt ihr euch besser kennen lernen? Schreibe ihm/ihr einen kurzen Brief.

Kapitel 4
Eine neue Stelle

Eines Morgens, ich schlafe noch, kommt der Schreiber vom Schloss zu mir. „Du sollst sofort zum Amtmann [1] kommen!" Ich ziehe mich schnell an und gehe dem lustigen Schreiber nach. Im Büro ist es noch nicht hell, aber der Amtmann sitzt schon an seinem Schreibtisch, die Perücke auf dem Kopf, und sieht mich an.

„Wie heißt Ihr und woher kommt Ihr?" will er wissen.

Ich sage es ihm.

„Könnt Ihr lesen, schreiben und rechnen?"

Ich sage: „Ja."

„Ja dann. Die Einnehmerstelle ist frei. Ihr habt Euch gut geführt, man ist mit Euch zufrieden, kurz: Ihr sollt die Stelle bekommen. Ab sofort könnt Ihr im Zollhaus wohnen!"

---

1. r **Amtmann**, "er: organisiert die bürokratische Seite des Schlosslebens.

Eine neue Stelle

Das lasse ich mir nicht zweimal sagen.

Das Zollhäuschen hat ein rotes Dach und einen kleinen Garten. Es liegt am Rand des Schlossparks an der Landstraße, und der Einnehmer muss bei vorbeifahrenden Händlern den Zoll [1] kassieren.

Der alte Einnehmer ist vor ein paar Tagen gestorben und im Häuschen liegen noch sein alter warmer Schlafrock, die Pantoffeln und ein paar lange Pfeifen. Das wird ein bequemes Leben, denke ich mir, so wie bei uns zu Hause auf dem Dorf der Pfarrer gelebt hat.

Den ganzen Tag sitze ich im Schlafrock vor meinem Haus auf der Bank, rauche Pfeife und sehe den Leuten zu, die auf der Landstraße vorbeikommen. Ob einmal jemand aus meinem Dorf kommt und mich so sieht?

So sitze ich da und denke nach. Aller Anfang ist schwer, sage ich mir, und das bequeme Leben ist doch auch eine gute Sache. Nie wieder will ich auf Reisen gehen.

Vielleicht kann ich auch ein wenig Geld sparen wie die anderen und es zu etwas Großem in der Welt bringen. Und natürlich denke ich auch oft an die schöne Frau.

Der alte Einnehmer hatte im Garten Kartoffeln und Gemüse angebaut. Das kann nicht so bleiben. Ich mache mich gleich an die Arbeit und pflanze die schönsten Blumen. Jeden Tag binde ich einen Strauß [2] der schönsten Blumen, die ich habe. Den lege ich abends, wenn es dunkel ist, auf einen Tisch im Schlosspark. Und jeden Abend, wenn ich den neuen Strauß bringe, ist der alte fort.

---

1. **r Zoll, ¨e**: muss man bei Import und Export von Gütern bezahlen.
2. **r Strauß, ¨e**: mehrere Blumen zusammen, gebunden.

Aus dem Leben eines Taugenichts

Der Portier vom Schloss mit der großen Nase, der kommt jetzt oft zu mir und sitzt jeden Abend neben mir auf der Bank.

„Blumen im Garten", sagt er jedes Mal, „machen dich nicht satt, mein Freund."

Eines Abends sitze ich wieder neben ihm vor meinem Häuschen und rauche meine Pfeife.

Die Sonne geht unter und das Land leuchtet rot, die Donau zieht golden in der Ferne vorbei.

Aus den Bergen hört man Hörner[1] und Hundegebell.

„Die Herrschaften sind auf Jagd[2]?" Ich springe auf. „Die Jägerei! Das ist ein Beruf!"

Der Portier bleibt sitzen. „Das denkst du dir so. Ich habe das auch einmal gemacht. Man bekommt Husten und Schnupfen von den nassen Füßen!"

Das ist zu viel.

Ich schreie: „Trockene Füße! Habt Ihr nichts anderes im Kopf?"

Ich will ihn nicht mehr sehen. Nicht seinen langweiligen Mantel, nicht seine Pfeife und nicht die Schnupfennase!

„Herr Portier!" sage ich laut. „Lasst mich in Ruhe! Gehen Sie!"

Der Portier sieht mich an und sagt nichts. Er denkt sicher, ich bin verrückt[3] geworden. Er läuft schnell zum Schloss zurück.

Jetzt muss ich doch lachen. Der arme Portier! Aber endlich ist er weg. Es ist auch Zeit für meinen Blumenstrauß. Ich stehe schon am Gartentisch und will den Strauß hinlegen, da kommt jemand. Es ist ... meine Schöne in einem grünen Jagdkleid.

1. **s Horn, ¨er**: Musikinstrument.
2. **e Jagd**: Tiere im Wald und auf dem Feld töten.
3. **verrückt**: psychisch krank.

Aus dem Leben eines Taugenichts

Langsam reitet sie auf ihrem Pferd durch den Park. Soll ich weglaufen? Es ist zu spät. Sie hat mich schon gesehen. Sie hält das Pferd an. Ich nehme die Blumen, gehe langsam zu ihr. „Schönste gnädige Frau, nehmt auch diesen Blumenstrauß von mir, und alle Blumen aus meinem Garten und alles, was ich habe."

Sieht sie böse aus? Nein, sie schaut auf den Boden. Von hinten, aus den Büschen hört man schon andere Damen und Herren kommen. Die Schöne nimmt schnell meinen Strauß und reitet fort.

Seit diesem Abend habe ich keine Ruhe mehr. Ich kann nicht einmal mehr rechnen. Wenn die Sonne durch den Kastanienbaum aufs Papier scheint, dann sieht die Acht aus wie die dicke Dame, die Zwei wie ein Fragezeichen und die arme Null ... ich komme ganz durcheinander.

ÜBUNGEN

Textverständnis

1 Was ist richtig?

1. Der Taugenichts soll zum Amtmann, denn
   a ☐ der will ihn kennen lernen.
   b ☐ er soll nicht mehr als Gärtner arbeiten.
2. Der Taugenichts braucht jetzt
   a ☐ nichts mehr zu tun.
   b ☐ nur noch den Zoll kassieren.
3. Jeden Abend
   a ☐ bindet er der schönen Frau jetzt einen Blumenstrauß.
   b ☐ pflanzt er Blumen und hört die Frauen im Schlossgarten sprechen.
4. Der Taugenichts findet Jagen
   a ☐ wunderbar.
   b ☐ ungesund.
5. Der Taugenichts ist auf den Portier böse, denn der
   a ☐ denkt nur an praktische Dinge.
   b ☐ trägt einen langweiligen Mantel.
6. Als er die schöne gnädige Frau sieht,
   a ☐ läuft er, die Blumen in der Hand, weg.
   b ☐ gibt er ihr die Blumen persönlich.
7. Nach dem Treffen
   a ☐ hat er Schwierigkeiten beim Rechnen.
   b ☐ denkt er immer öfter an die dickere Dame.

2 Interpretation

a. Der Erzähler beschreibt den Amtmann fast wie eine Karikatur. Was ist an seinem Bild typisch für das Klischee des Bürokraten?
b. Was für ein Typ ist der Portier? Gibt es solche Menschen auch heute?
c. Der Taugenichts selbst wird ein wenig dem alten Einnehmer ähnlich. Wie? Aber es gibt einen großen Unterschied. Welchen?

Wortschatz

1 Was passt wo?

> r Blumenstrauß   e Jagd   s Leben   e Perücke
> e Pfeife   s Rechnen   r Schlafrock   r Zoll

a Zum Geburtstag bringe ich ihr immer einen ....
b Sie will nicht immer blond sein und trägt jetzt oft eine grüne ....
c Ich sitze abends gern am Kamin und rauche meine ....
d Viele Männer gehen im Herbst auf die ....
e Nicht nur das Lesen und Schreiben muss man lernen, sondern auch das Denken und das ....
f Nach dem Waschen setze ich mich im .... in den Sessel und lese noch ein bisschen.
g Das wichtigste ist für mich, ein bequemes .... zu führen.
h In der Europäischen Union bezahlen wir keinen .... an der Grenze.

2 Welches Adjektiv passt wo?

> bequem   hell   lustig   nützlich

a .... : Die Geschichte ist zum Lachen. Der Sekretär macht sich keine Gedanken und lacht viel.
b .... : Die Sonne scheint und ich kann alles gut sehen. Oder jemand hat eine Lampe angemacht.
c .... : Ich sitze gern stundenlang in diesem Sessel. Ich trage diesen Mantel gern, er ist weit und macht mir keine Probleme.
d .... : Einen Hammer kann ich gut gebrauchen. Kartoffeln im Garten — da hat man immer etwas zu essen. Aus diesem Buch kann ich viele praktische Dinge lernen.

ÜBUNGEN

Grammatik

1 Groß und klein. Trenne die Wörter der Satzschlangen und schreibe die Anfänge der Substantive groß.

Ichsitzenebenihmvormeinemhäuschenundwirsprechenüberdiejagd.
Ichlegeeinenneuenstraußhin, dennderalteistfort.
Amabendtrageicheinenaltenundbequemenschlafrock.
Dereinnehmerfragtmichnachmeinenrechenkenntnissen.
Dasrechnenundlesensindsehrwichtigfürspätereeinnehmer.

2 Erkennst du die Komparative? Wie heißt die Grundform des Adjektivs?

a länger — ....   d jünger — ....
b gnädiger — ....   e näher — ....
c höher — ....   f teurer — ....

Sprich dich aus

1 Arbeitswelten

Der Handwerker (die Handwerkerin) arbeitet in der Werkstatt, der/die Beamte (im Schloss ist es ein Amtmann) arbeitet im Büro, Gärtner und Gärtnerin — im Garten, oder, wie man auf Deutsch sagt, im Freien. Der eine tut etwas mit den Händen, der andere mit dem Kopf, der eine hat es immer warm, der andere mal warm mal kalt, der eine hat Kontakt mit anderen Menschen ... Wo möchtest du am liebsten arbeiten und warum?

2 Schön oder nützlich?

Der eine trägt im Winter einen dicken warmen Mantel, auch wenn das nicht so schön ist, der andere trägt lieber etwas Elegantes und riskiert auch einen Schnupfen. Und du? Lieber Kartoffeln oder lieber Blumen im Garten? Lieber bequeme Möbel oder einen Designer-Stuhl?

Kapitel 5
Blumen für die Gärtnerin

 Auch das Sitzen vor der Tür macht mir keinen Spaß mehr.
Werden mir nicht die Beine immer länger vor Langeweile? Ich glaube, auch die Nase.

Ab und zu hält eine Kutsche vor dem Haus, eine freundliche junge Dame wünscht mir einen *Guten Tag*, ich kassiere mein Geld und sie fährt weiter. Noch lange bleibe ich dann stehen und sehe dem Wagen nach. Warum fahre ich nicht mit? Weit, weit fort?

Meine Blumensträuße lege ich immer noch jeden Abend auf den Gartentisch, doch am Morgen liegen sie noch da wie gestern. Bald binde ich keine Sträuße mehr. Die Blumen in meinem Garten, die lasse ich jetzt wachsen [1], ohne etwas zu tun. Schon sieht man sie nicht mehr, unter dem Unkraut [2]. So wild und bunt und durcheinander sieht es auch in meinem Herzen aus.

---

1. **wachsen**: größer werden.
2. **s Unkraut, "er**: Pflanzen ohne Schönheit und ohne Funktion.

Blumen für die Gärtnerin

So liege ich wieder einmal schlecht gelaunt im Fenster, als die Kammerjungfer vom Schloss zu mir kommt und vor mir stehen bleibt. „Hört, der gnädige Herr ist gestern von einer Reise zurückgekommen."

„So?"

Ich weiß nichts von einer Reise. Interessiert mich auch nicht.

„Sicher freut sich seine Tochter, die junge gnädige Frau, sehr", sage ich.

Ihr wisst aber wirklich gar nichts!" antwortet die Kammerjungfer. „Nun", spricht sie weiter, „heute Abend gibt es ein Fest im Schloss und Maskerade. Meine gnädige Frau geht als Gärtnerin! Und Sie haben doch so schöne Blumen im Garten ..."

Seltsam, denke ich. Da sieht man doch nur Unkraut. Aber die Kammerjungfer spricht weiter: „Und als Gärtnerin braucht die gnädige Frau Blumen, aber ganz frische. Sie sollen ihr welche bringen. Heute Abend unter dem großen Birnbaum im Garten sollen Sie auf sie warten."

Das kann nicht sein! Die schöne gnädige Frau ...! Ich laufe vor das Haus, wo die Kammerjungfer steht. Sie sieht mich an und muss lachen: „Im Schlafrock! Ist der hässlich!"

Ich will ihr schnell einen Kuss geben, aber der Schlafrock ist zu lang und ich falle auf die Nase.

Die Kammerjungfer läuft weg. Ich höre sie noch lange lachen.

Die gnädige Frau denkt also noch an mich und meine Blumen! Ich gehe in mein Gärtchen. Erst muss das Unkraut weg! Dann sieht man wieder die Blumen. Die Rose ist wie ihr Mund, die Lilie lässt melancholisch den Kopf hängen wie sie ... Ich lege die schönsten Blumen zusammen.

Aus dem Leben eines Taugenichts

Voller fröhlicher Gedanken gehe ich in den Park. Es wird dunkel. Vom Schloss kommt Tanzmusik.
Ich höre die Damen und Herren sprechen und lachen. Dann ist es wieder still. Lange Zeit stehe ich da unter dem Birnbaum und warte. Es kommt niemand. Ich steige auf den Baum. Von hier oben kann ich die Musik besser hören und auch durch die großen Fenster ins Schloss hineinsehen. Damen und Herren tanzen durcheinander. Manchmal legen sich zwei ins Fenster und sehen in den Garten. Mich können sie nicht sehen. Ich sitze hier im Dunkeln auf dem Baum. Ich werde traurig. „Da tanzt sie nun", sage ich mir. „An dich und deine Blumen denkt sie nicht mehr. Alle sind fröhlich, nur für dich interessiert sich niemand, wie immer. Jeder hat seinen Platz auf der Welt, seine warme Küche, seine Tasse Kaffee, seine Frau, sein Glas Wein zum Abend. Und wo ist mein Platz? Ich komme ja doch immer zu spät auf dieser Welt."
Da höre ich zwei Frauen leise sprechen.
Im Mondlicht sehe ich die Kammerjungfer und hinter ihr — die Gärtnerin. Endlich! Ich will schon vom Baum springen, da nimmt sie ihre Maske ab. Es ist nicht die schöne, es ist die ältere gnädige Frau!
„Wo ist er denn nur?" fragt sie. „Ich brauche doch die Blumen!"
„Das ist typisch!" antwortet die Kammerjungfer. „Der liegt sicher unter einem Busch und schläft."
Auf einmal wird die Musik sehr laut.
„Vivat!" rufen die Leute.
„Komm, wir müssen zurück ins Schloss", sagt die gnädige Frau. Sie nimmt ihre Maske wieder vor und geht zum Schloss.

Aus dem Leben eines Taugenichts

Jetzt steht eine Gruppe von Musikern im Garten und spielt eine schöne Serenade. Oben auf dem Balkon gehen die Türen auf. Ein hoher Herr, sehr elegant angezogen, führt eine junge Dame an der Hand auf den Balkon. Es ist — die junge gnädige Frau, in einem weißen Kleid.

Die Leute im Garten rufen jetzt immer wieder „Vivat!" Ich schreie mit. Dann gehen sie wieder hinein. Es wird wieder dunkel um mich. Jetzt verstehe ich. Nicht die junge hat mich um die Blumen gebeten, sondern die ältere! Natürlich, denn die junge hat ja ... Wie dumm bin ich doch!

Lange sitze ich dort oben auf dem Baum und träume. Am frühen Morgen wache ich auf. Die ersten Vögel singen neben mir. Es ist kühl. Im Schloss ist es ruhig, im Garten ist kein Mensch mehr.

Von hier oben kann ich weit ins Land hinaus sehen. Die Donau zwischen den Bergen, die Landstraße, alles liegt vor mir.

Ich muss fort, hinaus in die Welt.

Ich springe vom Baum und gehe langsam durch den Park zu meinem Häuschen zurück. Im Zimmer liegt noch das große Rechnungsbuch auf dem Tisch. An der Wand hängt die Geige. Ich nehme sie in den Arm.

Schlafrock, Pantoffeln, Pfeifen lasse ich liegen und gehe, arm wie ich gekommen bin, aus meinem Häuschen auf die Landstraße hinaus.

Das Schloss, der Garten und die Türme von Wien sind bald nicht mehr zu sehen. Zwischen grünen Bergen, durch lustige Städte und Dörfer wandere ich weiter. Wohin? Nach Italien!

ÜBUNGEN

Textverständnis

1 Was ist richtig (R), was ist falsch (F)?

		R	F
a	Der Erzähler bringt noch Blumen, aber niemand holt sie.	☐	☐
b	Da soll er eines Tages der gnädigen Frau Blumen für ihren Garten bringen.	☐	☐
c	Er denkt, sie sind für die schöne junge Dame.	☐	☐
d	Aber es kommt die ältere und er gibt ihr die Blumen nicht.	☐	☐
e	Er springt vom Baum und legt sich schlafen.	☐	☐

2 Was passt wo?

> Balkon   Birnbaum   bleiben   Garten   immer länger
> Kammerjungfer   liegen   Maske

a Vor Langeweile werden die Beine des Erzählers ……………… .
b Seine Blumensträuße bleiben ……………… .
c Das Unkraut wächst im ……………… .
d Eines Tages kommt die ……………… .
e Er wartet erst unter, dann auf dem ……………… .
f Die Dame trägt eine ……………… .
g Die jüngere kommt mit einem eleganten Herrn auf den ……………… .
h Unser Taugenichts will nicht mehr ……………… .

Wortschatz

1 Im Garten wächst vieles, aber nicht alles ist essbar. Was?

☐ r Apfel   ☐ r Busch   ☐ e Lilie
☐ r Baum   ☐ s Gras   ☐ e Rose
☐ e Birne   ☐ e Kartoffel   ☐ r Strauch

ÜBUNGEN

Grammatik

1 Bewegung oder Zustand? *setzen/stellen/legen* — *sitzen/stehen/liegen*. Streiche, was nicht passt.

a Die Blumen (*lege/stelle*) ich in die Vase.
b Der Portier (*setzt/sitzt*) sich auf die Bank.
c Der Erzähler (*liegt/legt*) wieder einmal im Gras und schläft.
d Er (*liegt/legt*) den Blumenstrauß auf den Tisch.
e Ich (*stelle/stehe*) im Regen und warte.
f Das Fahrrad (*steht/stellt*) im Regen und wird nass.
g Wir (*setzen/sitzen*) den ganzen Tag vor dem Fernseher.
h (*Legen/Liegen*) wir den Stein ins Gras!

2 Welcher Komparativ? *wie* oder *als*?

a Ich bin zwei Meter größer (*wie/als*) du.
b Ich kenne keinen, der so dumm ist (*wie/als*) du.
c Das ist am Ende so teuer (*wie/als*) ein Wochenende in Dubai!
d Ich kenne ihn so gut (*wie/als*) dich!
e Das ist am Ende teurer (*wie/als*) ein Wochenende in Madrid.
f Er ist nicht ganz so klein (*wie/als*) du.

3 Welches Personalpronomen? Streiche, was nicht passt.

a Ich liebe dich nicht so sehr wie (*er/ihn*).
b Ich bin klüger als (*dich/du*).
c Er sieht besser aus als (*mich/ich*).
d Ich helfe der lieber als (*ihn/ihm*).
e Opa gibt mir mehr Geld als (*dich/dir*).
f Heini spricht jetzt besser Deutsch als (*dich/du*).
g Ich sehe sie nicht so oft wie (*ihr/ihnen*).
h Wir gehen nicht so oft mit ihnen aus wie mit (*ihr/euch*).

ÜBUNGEN

Hör zu

 1 Was feiern die Leute hier?

Nr.	Fest	Information
	Weihnachten	Was gibt es heute?
	80. Geburtstag von Opa Peter	Was tut er gern?
	18. Geburtstag von Peter	Was darf er jetzt?
	Hochzeitstag	Warum sind sie immer noch zusammen?
	Hochzeit	Wann sollen sie Kinder bekommen?

Sprich dich aus

1 Da oben auf dem Balkon steht die Frau/der Mann deines Lebens neben einem/einer anderen. Unten stehen Freunde und Verwandte und rufen „Hoch!". Da kannst du nicht zusehen. Da musst du etwas sagen. „Halt!" rufst du, und ...

Schreib's auf

1 Wortlos geht der Einnehmer fort. Das ist nicht nett. Ein kurzes Briefchen auf dem Schreibtisch kostet ihn sicher nicht zu viel Arbeit. Was schreibt er?

47

Kapitel 6
Auf Reisen

   Nach Italien! Aber wie komme ich dahin?

Ich stehe an einer Kreuzung. Eine Landstraße führt in die Berge, die andere in den Wald.

Endlich kommt ein Bauer. Er ist elegant angezogen. Richtig, heute ist Sonntag.

Ich frage ihn: „Können Sie mir nicht sagen, wo der Weg nach Italien geht?"

Der Bauer bleibt stehen, sieht mich an, sagt nichts.

Ich sage noch einmal: „Nach Italien, wo die Pomeranzen [1] wachsen!"

„Pomeranzen? Nie gehört!" sagt der Bauer und geht weiter.

Was soll ich nun tun? In mein Dorf zurück? Das geht nicht.

Der Portier mit der aristokratischen Nase, der hat es immer gesagt: „Mein lieber Herr Einnehmer! Italien ist ein schönes Land, da ist das Leben leicht und man kann in der Sonne liegen.

---

1. **e Pomeranze, n**: Südfrüchte wie Zitronen.

Auf Reisen

Da wächst alles wie von selbst und wenn Sie die Tarantel [1] beißt, dann können Sie auch schön tanzen!"

„Nach Italien, nach Italien!" rufe ich aus und laufe auf der Straße weiter. Aber der richtige Weg kann das nicht sein. Bald stehe ich mitten in einem Wald, und von der Landstraße sehe ich nichts mehr. Wo bin ich? Niemand ist zu sehen. Ich höre nur die Vögel singen.

„Der liebe Gott", denke ich mir, „führt mich sicher." So gehe ich weiter, in die Berge hinein. Ich nehme die Geige und spiele alle meine liebsten Stücke.

Doch der Wald hat kein Ende. Es ist ja sehr schön hier, aber es ist bald Abend. In einem Tal höre ich einen Hirten [2] Flöte spielen. Der liegt da im Gras und hat nichts anderes zu tun. So ein Faulenzer! Und ich muss wandern, immer weiter.

„Hallo, wo ist denn das nächste Dorf?" rufe ich ihm zu.

„Da hinten", antwortet er kurz. Da sehe ich auch nichts als Wald. Aber was soll ich schon tun? Langsam wird es dunkel. Ich bekomme Angst. Da höre ich Hundegebell. Ein Stück weiter sehe ich einen schönen grünen Platz. Kinder spielen dort. Es gibt auch ein Wirtshaus. Bauern spielen da Karten. Vor der Tür sitzen junge Männer, Mädchen neben sich.

Ich denke nicht lange nach, nehme meine Geige aus der Tasche und spiele ein lustiges Lied. Die Mädchen springen auf, die Alten lachen. Dann legen auch die Burschen ihre Pfeifen weg und alle tanzen. Sie haben Spaß dabei, das sieht man. Eine von ihnen kommt zu mir und will mir ein kleines Silberstück geben. Meine Taschen sind leer, aber ich sage ihr: „Behaltet Euer Geld!"

---

1. **e Tarantel, n**: eine Art Spinne.
2. **r Hirte, n**: passt auf die Tiere auf.

Aus dem Leben eines Taugenichts

Ich spiele nur aus Freude. Endlich wieder unter Menschen!

Ein hübsches Mädchen mit einem großen Glas Wein kommt zu mir.

„Musikanten haben Durst, oder?" fragt sie. Ich trinke es sofort leer. Sie trinkt auch und sieht mir in die Augen. Fröhlich spiele ich weiter. Doch es ist schon spät. Langsam wird es still und leer vor dem Wirtshaus. Auch das Mädchen, das mir den Wein gebracht hat, geht nun zum Dorf, aber es geht sehr langsam. Sie bleibt stehen und sucht etwas. Ich gehe zu ihr. „Etwas verloren, schönstes Fräulein?" „Ach nein", sagt sie und wird bis über beide Ohren rot. „Hier ist eine Rose. Wollt Ihr sie haben?" Ich danke und nehme die Blume. Sie sieht mich freundlich an. „Ihr spielt sehr schön", sagt sie. „Danke", antworte ich. „Das ist so eine Gabe Gottes."

„Hier bei uns gibt es nur wenige Musikanten. Ein Musikant wie Ihr kann da gutes Geld verdienen. Mein Vater spielt etwas Geige und hat gern Gäste — und mein Vater ist sehr reich."

Sie lacht: „Aber Ihr seht sehr komisch aus beim Geigen! Der Kopf ..."

„Teuerste Jungfrau, das ist bei uns Geigen-Virtuosen normal."

Sie lacht und geht fort.

Ich muss nun doch nachdenken. Das Mädchen ist jung, schön und reich. Hier kann ich mein Glück machen und mein Leben lang jeden Tag Schweinebraten und Hühner essen. Höre ich da nicht den Portier sprechen? „Los, Einnehmer, tu etwas, gleich morgen. Das Glück wartet nicht! Bleibe im Lande ..." Bei solchen philosophischen Gedanken sitze ich unter einen Baum vor dem Wirtshaus.

Der Mond scheint und ich werde wieder philosophisch. „Der scheint jetzt auch auf meines Vaters Mühle und auf das Schloss der gnädigen Frau. Und alle schlafen schon und keiner denkt an mich. Die ganze Welt ist ja so weit und groß und ich bin ganz allein."

ÜBUNGEN

Textverständnis

1 Was ist richtig?

1 Auf dem Weg nach Italien trifft der Erzähler einen Bauern, der ihm
   a ☐ ungern den Weg nach Italien erklärt.
   b ☐ nicht richtig antwortet.
2 Der Erzähler wandert lange durch einen Wald und kommt dann
   a ☐ in ein Dorf, wo die Leute tanzen.
   b ☐ auf einen Platz vor einem Wirtshaus, wo Leute sitzen.
3 Er spielt auf seiner Geige und
   a ☐ lernt ein Mädchen kennen, dessen Vater auch Geige spielt.
   b ☐ verdient sich ein wenig Geld mit seiner Musik.
4 Der Portier vom Schloss sagt in so einer Situation:
   a ☐ „Bleibe hier, Einnehmer! Warum willst du in die Welt hinaus? Hier kannst du dein Glück machen."
   b ☐ „Geh weiter, Einnehmer! Du musst etwas sehen von der Welt."
5 Der Erzähler denkt im Mondschein nach und
   a ☐ freut sich des Lebens.
   b ☐ wird wieder traurig, weil er nicht zu Hause ist.

2 Wer spricht hier?

a „Ich sitze da und mache mir Gedanken und werde ganz traurig."
   ....
b „Jetzt ist er weg! Warum hat er auch keine Kartoffeln gepflanzt? Ganz normal ist nicht!" ....
c „Wo ist denn jetzt der junge Einnehmer? Wer singt jetzt im Park für uns?" ....
d „Das ist ja ein lustiger junger Mann, der da mit seiner Geige. Vielleicht will mein Vater mit ihm spielen." ....

ÜBUNGEN

Wortschatz

1 Wer macht was?

> Amtmann Handwerker Hirte Maler Musiker
> Portier Räuber Zolleinnehmer

a .... steht an der Tür und kontrolliert, wer kommt oder geht.
b .... sitzt an der Grenze und kassiert von denen, die vorbeikommen.
c .... sitzt im Büro und kontrolliert Akten.
d .... bittet die Leute um ihr Geld, mit der Pistole in der Hand.
e .... porträtiert Personen, malt Landschaften und alles, was er will.
f .... spielt ein Instrument und/oder singt.
g .... repariert Dinge im Haus oder baut neue.
h .... passt auf Schafe auf.

Grammatik

1 Relativpronomen sind wichtig für das Textverständnis. Unterstreiche das Wort, auf das sie sich beziehen.

> Beispiel: Das ist der _Mann_, dessen Kind krank ist.

a Das ist der Mann der Frau, deren Auto kaputt ist.
b Bringst du den Mann zur Polizei, dem die Räuber die ganze Schokolade weggenommen haben?
c Kennst du die Namen der Kinder des Polizisten, der uns so nett geholfen hat?
d Das Pferd des reichen Nachbarn unserer Lehrerin, dessen Schwein im Stall steht, schläft in der Garage.

e Hinter dem Haus, an dessen Tür das Bild hängt, steht ein Baum.

f Die Kinder aus dem Nachbardorf, dessen Bürgermeister gerade vom Traktor gefallen ist.

2 Streiche, was nicht passt.

a Kommst du mit in die Schule, in (*der/die*) unsere Freundin geht?

b Willst du nicht den Jungen kennen lernen, (*deren/dessen*) Freundin jetzt in Brasilien ist?

c Hier sitzen zwei Kinder, (*die/deren*) ihre Eltern nicht wiederfinden.

d Du bist doch der Gärtner, (*dem/den*) wir zu viel bezahlt haben.

e Da kommen gerade die Schüler, (*dessen/deren*) Bücher wir bestellen müssen.

Sprich dich aus

1 Die Alternative ist klar: Er kann im Dorf bleiben und versuchen, das Mädchen kennen zu lernen (aber liebt er nicht die schöne gnädige Frau?), oder er kann versuchen, nach Italien zu kommen. Was rätst du ihm und warum?

Schreib's auf

1 Er ist oft traurig, unser Erzähler. Warum? Schreibe die Gründe auf, vielleicht in deinem Tagebuch. Titel: Warum bin ich so traurig?

Sehnsucht und *Weltschmerz*: typisch deutsch?

Mein Vater war ein Wandersmann/Und mir steckts auch im Blut/ Drum wandre ich, solang ich kann/Und schwenke meinen Hut ... Fallari, Fallarah"
(Volkslied)

Was treibt einen jungen Wandersmann immer wieder hinaus in die Welt? Er weiß es auch nicht so genau. Es heißt *Sehnsucht* und lässt sich schlecht in fremde Sprachen übersetzen.
Wenn einer weinen muss, weil er oder sie nach Hause will, aber nicht kann, dann hat er *Heimweh*. Das ist es nicht. *Sehnsucht* kann man *nach* etwas oder jemandem haben, was oder wer nicht da ist. Aber die *romantische Sehnsucht* steht ohne Präpositionalobjekt und führt nirgendwo hin oder, besser gesagt, immer weiter. An jedem neuen Ort ist es dasselbe. „Das ist es nicht, noch nicht", sagt sich der Wandersmann und muss weiter. Wo das herkommt, ist nicht leicht zu sagen. Goethes junger Werther hat es schon: er sieht von weitem ein Tal, geht hin und wenn er da ist, sieht er einen Berggipfel in der Ferne und „ach", ...
Heute findet man bei modernen Dichtern etwas Ähnliches, ob auf Deutsch oder in anderen Sprachen. Es hält sie nicht, niemals. Immer geht es weiter: von Expressionisten wie Theodor Däubler bis zu Schriftstellern wie Paul Bowles, Bruce Chatwin und dem Österreicher Peter Handke, der jahrelang ohne festen Wohnsitz lebt.
Wie so oft, gibt es auf Deutsch parallel zur *Sehnsucht* auch noch ein Fremdwort: *Nostalgie*. Nostalgie hat man nach etwas, was einmal da war und jetzt nicht mehr da ist. Manche Menschen haben Nostalgie

Der Trabi - das Kultauto der Ex-DDR

nach untergegangenen Diktaturen, andere nach den Autos der zwanziger Jahre. Und wer der Ex-DDR nachtrauert, leidet an *Ostalgie*.

So ein Wandersmann kann nicht längere Zeit auf dem Sofa sitzen und sich zufrieden geben. Das ist etwas für *Philister*, wie die Romantiker den Normalbürger nennen, oder für *Spießer*, wie man heute sagt. Der Taugenichts träumt, er sehnt sich und ist nie recht froh, vor allem nicht für längere Zeit. Eichendorffs Ironie ist hier recht stark.

Kaum ist er unterwegs, hat der Taugenichts Heimweh. Dann will er eine feste Stelle und seinen Platz auf der Welt. Als Einnehmer sitzt er im Garten und möchte den vorbeifahrenden Kutschen nachwandern. Endlich auf Wanderschaft, sieht er den Hirten und denkt: „Der hat's gut, der kann da im Gras liegen." Was auch kommt, es ist ihm am Ende nicht recht. Etwas stört ihn jedes Mal und immer etwas anderes, es liegt an der Welt, er weint ... Dieses eher unklare Gefühl, dass etwas an der Welt nicht in Ordnung ist, nennt man (wie gesagt: ironisch) *Weltschmerz*. Der Taugenichts leidet nur begrenzt daran, denn er schläft immer gleich wieder ein.

Hier einige Beispiele aus dem Text:

Das Herz will mir brechen vor Schmerz. Sie ist so schön, denke ich, und ich so arm und allein auf der Welt. Ich lege mich unter den nächsten Busch und weine.

Und alle schlafen schon und keiner denkt an mich. Die ganze Welt ist ja so weit und groß und ich bin ganz allein.

1 Fragen zum Text.

   a Gibt es in deiner Sprache ein Wort für *Weltschmerz*?
   b Unterscheidet man in deiner Muttersprache *Heimweh* und *Sehnsucht*?
   c Übrigens gibt es auch *Fernweh*. Kannst du das erklären?

2 *Sehnsucht*, *Heimweh* oder *Nostalgie*? Setze ein, was passt (auch Artikel und Endungen).

   a Millionen von Deutschen werden jedes Jahr von groß... Italien-................... gepackt.
   b Er hatte groß... .... : er träumte von seinem Dorf, der alten Kirche und der Mühle seines Vaters.
   c Sie hatte groß... .... und rief jeden Tag zu Hause an.
   d Groß... DDR-................... greift um sich und viele versuchen, Uniformjacken der Volksarmee zu kaufen.

Kapitel 7
Zwei Maler

Auf einmal höre ich Pferde im Galopp vom Wald kommen.

Wer kann das sein? Räuber? Ich kann im Dunkeln zwei Reiter sehen. Sie bleiben am Waldrand stehen. Was soll ich tun? Besser ist besser: ich steige auf den Baum. Aber ich bin zu langsam. Die Reiter kommen, und meine Beine habe ich noch nicht oben.

„Wer ist da?" ruft einer von ihnen.

„Niemand!" schreie ich so laut ich kann.

„Ach", sagte der Räuber wieder. „Und wer hat dann hier die zwei Beine hängen lassen?"

„Das sind nur zwei Musikantenbeine, die den Weg nicht finden", rufe ich und springe vom Baum.

Die Reiter lachen. „Wir finden ihn auch nicht. Da kannst du uns vielleicht helfen. Wir müssen nach B."

„Ich kenne den Weg nicht", antworte ich.

Aber einer der beiden hält mir eine Pistole vor die Nase. „Mein Lieber, du gehst vor uns und bringst uns nach B., aber schnell!"

Zwei Maler

Das sieht nicht gut aus. Was soll ich tun? Ich denke nicht lange nach und laufe los. Die beiden reiten hinter mir her. Der Mond scheint. Schnell geht es durch den Wald. Von weitem höre ich Hunde bellen. Da müssen Dörfer sein.

Die beiden Reiter hinter mir sprechen in einer fremden Sprache. So geht es immer weiter, wie im Traum. Es wird langsam hell. Ich glaube, die beiden Männer werden langsam unruhig. Oder haben sie jetzt Angst vor mir? Sie wissen ja nicht, wo ich sie hinbringe. Plötzlich ruft der eine von ihnen „Halt!". Sie steigen ab. Sie sehen mich an, kommen ganz nah zu mir. Dann lachen sie los.

„Das ist er!" rufen sie. „Der Gärtner, pardon: der Einnehmer vom Schloss! Ihr macht wohl Ferien? Kommt mit uns mit, als Diener, das ist auch wie Ferien machen!"

Ich antworte: „Das geht nicht! Ich will nach Italien."

„Nach Italien? Da wollen wir auch hin!"

„Nun, dann komme ich mit!" Ich nehme meine Geige aus der Tasche und spiele ein paar Töne.

Die beiden Herren tanzen dazu. Dann bleiben sie stehen. „Bei Gott", sagt der eine, „da sehe ich schon den Kirchturm von B.! Es ist aber noch zu früh. Lass uns erst frühstücken!"

Aus ihren Taschen holen sie Kuchen, Braten und Weinflaschen. Wir setzen uns ins Gras, essen und trinken.

„Dass du's weißt", sagt dann der eine: „Ich bin der Maler Leonhard, und der da ist auch ein Maler und heißt Guido."

Leonhard ist groß, schlank und braun, der andere viel jünger, kleiner und feiner. Nach dem Frühstück greift er nach der Geige und singt ein Lied dazu. Ich aber bin müde und schlafe langsam ein.

Aus dem Leben eines Taugenichts

„Come è bello!" sagt da Guido und ich öffne die Augen.

Leonhard ist böse. „Schnell", sagt er, „es ist Zeit". Sie setzen sich wieder auf ihre Pferde und ich marschiere neben ihnen her.

An der Post von B. wartet schon die Kutsche. Die beiden Maler steigen ein, ich setze mich vorne neben den Postillion, und so geht es frisch nach Italien.

Nun Adieu, Mühle, Schloss und Portier! Rechts und links fliegen Dörfer, Städte und Weingärten vorbei. Hinter mir die beiden Maler, vorn vier Pferde.

Ich schlafe fest ein. Tag oder Nacht, Regen oder Sonnenschein, Tirol oder Italien — ich sehe nichts. Auch durch die Lombardei sind wir schon gekommen, als ich endlich wieder wach werde. Vor einem Wirtshaus halten wir an. Die Maler lassen sich ein Zimmer geben und ich setze mich in die Gaststube.

Sehr sauber ist es nicht, und auch die Mädchen mit ihren unordentlichen schwarzen Haaren wollen mir nicht so richtig gefallen.

Aber es gibt etwas zu essen.

„Da bist du nun", sage ich mir, „in dem Land, woher immer die kuriosen Leute mit Thermometern, mit Brillen und Bildern in unser Dorf gekommen sind. Da bekommt man doch etwas zu sehen, wenn man in die Welt fährt."

Plötzlich steht ein kleines buckliges [1] Männlein mit einem großen Kopf neben mir. Er ist einmal in Deutschland gewesen, sagt er, und er glaubt sehr gut Deutsch zu sprechen.

Er fragt und fragt. „Kehrt ihr nach Roma? Bist du ein

---

1. **bucklig**: nicht gerade gewachsen.

Aus dem Leben eines Taugenichts

Servitore? Wenn ihr arrivare?"
   Wer soll das verstehen?
   „Parlez vous françois?" frage ich ihn. „Nein." Gut so, ich kann ja auch kein Französisch. Aber es hilft nichts. Unser konfuses Gespräch will kein Ende finden. Ich stehe auf und gehe vor die Tür. Luft! Da kommt oben Herr Guido auf den Balkon heraus. Er sieht mich nicht. Er singt:

Still ist der Menschen laute Lust,
Singt die Erde wie in Träumen,
Wunderbar mit allen Bäumen,
Was das Herz noch nicht gewusst.

Ich lege mich auf eine Bank vor der Haustür und schlafe ein. Ein Posthorn weckt mich auf. Richtig, die Reise geht weiter! Aber wo sind die beiden Herren? Ich laufe in ihr Zimmer. „Aufstehen! Die Kutsche ... " Nichts. Niemand da. Nur auf dem Tisch liegt ein schöner voller Geldbeutel [1], ein Stück Papier liegt auch da. „Für den Herrn Einnehmer!"
   Aber die Herren? Ich schlage Krach, ich laufe durchs ganze Wirtshaus. Nichts. Nur ein Mädchen erklärt mir mit Händen und Füßen, sie hat Herrn Guido vom Balkon ins Zimmer laufen und dann beide in der Nacht noch weg reiten sehen. Etwas später ist dann auch der bucklige Signor fortgeritten.
   Wieder höre ich das Posthorn. Die Kutsche wartet nicht länger. Ich springe in den Wagen und so geht's mit mir fort in die Welt hinein.

1. **r Geldbeutel**, =: Sack für/mit Geld.

ÜBUNGEN

Textverständnis

1 Zwölf Fragen. Antworte mit ja (j), nein (n) oder doch (d).

a Auf zwei Pferden kommen zwei Reiter. Sind es Räuber?
b Sie wollen wissen, wie sie nach B. kommen. Weiß der Erzähler das?
c Es ist nicht ganz dunkel in dieser Nacht, oder?
d Sie kennen den jungen Mann natürlich nicht, oder?
e Er weiß nicht, wo B. ist, aber bringt er sie hin?
f Tragen die beiden Maler italienische Namen?
g Reiten sie auf direktem Wege ohne Pause nach B.?
h Spricht Guido auch Italienisch?
i Reiten sie von B. aus nach Italien weiter?
j Bekommt auch der Erzähler in der Wirtschaft in der Lombardei ein Zimmer?
k Sind die beiden Maler am nächsten Morgen nicht weg?
l Reist unser Taugenichts ohne Geld allein weiter?

2 Erste Eindrücke in Italien. Beantworte die Fragen.

a Wie sieht es im lombardischen Wirtshaus aus?
b Wie sind die Frisuren der Mädchen?
c Wie sprechen die Leute Deutsch?

3 Interpretation: Das Lied.

a Was tun die Menschen mit „lauter Lust"?
b Was tun sie, wenn sie nicht aktiv sind? Was hören oder fühlen sie dann?
c Warum ist es für die Menschen interessant?

d Das Lied steht in unserem Text in vereinfachter Version. Aber das folgende Gedicht ist von Eichendorff selbst und sehr berühmt. Siehst du die Verbindung? Welche Funktion hat der Dichter?

Schläft ein Lied in allen Dingen,
Die da träumen fort und fort.
Und die Welt hebt an zu singen,
Triffst du nur das Zauberwort

4 **Interpretation: Das bucklige Männlein.**

Das bucklige Männlein gehört zum Repertoire der Romantiker. In einem Buch des Romantikers Achim von Arnim gibt es ein Gedicht über solch einen kleinen Mann. Eine Strophe: *Will ich in die Küche gehen/will mein Süppchen kochen/steht das bucklicht Männlein da/hat den Topf zerbrochen!* (Text modernisiert)

Was für ein Männlein ist das also? Und im Taugenichts?

Wortschatz

1 Personen beschreiben. Setze ein, was passt.

| Haare (2x) Mund Nase Perücke Rücken |
| bucklig gewachsen klein krumm unordentlich zahnlos |

a Der .... des Männleins ist nicht gerade. Er ist ....

b Die .... der Mädchen sind nicht frisiert. Sie sind ....

c Die .... des Einnehmers sieht man nicht, er trägt eine ....

d Guido ist nicht groß ...., er ist ....

e Der Portier hat eine große, aristokratische ...., sie ist aber nicht gerade, sondern ....

f Der .... der Alten ist nicht schön. Sie ist ....

ÜBUNGEN

Grammatik

1 Personen beschreiben. Die Adjektivdeklination.

a Er hat eine krumm………… Nase und ist sehr groß. Er trägt einen lang………, elegant……… Mantel und einen silbern……… Stock.

b Der Maler hat lang………, braun……… Haare und trägt einen weiß……… Mantel.

c Das Mädchen hat lang………, unfrisiert……… Haar und trägt einen geblümt……… Rock.

d Sie steht in einem hell……… Kleid auf dem Balkon und hält eine Gitarre in ihren weiß……… Armen.

e Wir suchen einen klein……… Mann mit krumm……… Rücken!

f Jung……… Taugenichts allein in unsauber……… italienisch……… Wirtshaus!

Schreib's auf

1 Kannst du ein Geheimnis für dich behalten? Das bucklige Männlein ist ein Spion. Was sieht er im lombardischen Wirtshaus? Er schreibt es auf, als kurzen Brief an seinen Auftraggeber.

Sehr geehrter Herr X,
die zwei gesuchten Subjekte sind nicht allein …

Kapitel 8
Auf der Burg

11 Wir fahren nun über Berg und Tal. Tag und Nacht geht es weiter. Ich kann immer nur schnell etwas im Wirtshaus essen und schon höre ich wieder das Posthorn und muss los. Sonst geht es mir nicht schlecht. Nur ist nach ein paar Tagen der Geldbeutel leer. Was soll ich tun? Aus der Kutsche springen?

Jetzt fahren wir in ein Gebirge hinein. Kein Haus, kein Mensch, nichts zu sehen. Es wird dunkel. Wohin bringt mich der Kutscher? Da reitet ein Mann auf der Landstraße. Im Mondlicht kann ich ihn gut sehen. Nein! Es ist der bucklige Signore aus dem Wirtshaus. Er reitet in den Wald. Was macht er hier? Wo bin ich?

Etwas später kommen wir zu einer Burg. Sie ist alt und dunkel. Die Kutsche bleibt stehen. Ich steige aus. Vor der Burg stehen ein alter magerer Mann mit einer Laterne und eine zahnlose, schwarz gekleidete Frau.

Wir gehen ins Haus, durch einen langen schmalen Gang. Das Zimmer ist groß und hoch. Ein Zimmer für einen Herrn.

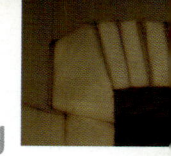

Auf der Burg

Am nächsten Morgen wache ich früh auf. Als erstes gehe ich in den Garten. Es muss einmal sehr schön gewesen sein hier. Jetzt wächst Unkraut. Wäsche hängt an den alten Statuen. Ich gehe zwischen hohen Bäumen spazieren. Auf einer Terrasse unter mir steht ein großer, magerer, junger Mann im Mönchskleid [1]. Er liest laut aus einem Buch. Als er mich sieht, läuft er in die Büsche.

Ist hier meine Reise zu Ende? Kein Posthorn, keine Kutsche. Sehr seltsam ist die Nachtmusik, die ich oft im Dunkeln höre. Jemand spielt unter meinem Fenster Gitarre.

Ich habe auch einmal gerufen: „Hallo! Wer ist da?"

Keine Antwort.

So gehen die Tage vorbei. Das Essen ist sehr gut: Melonen und Parmesankäse, ...

Eines Tages kommt die Kutsche. Schon von weitem höre ich das Posthorn. Da muss ich dann doch an die Heimat denken, an meines Vaters Mühle, an das Schloss, an die schöne gnädige Frau und werde ganz traurig. Der Kutscher hat etwas für mich, ein Briefchen. Es kommt von ... ganz sicher: es kommt von der schönen gnädigen Frau.

„Keine Hindernisse mehr, komm zu mir. Ich warte." Mehr steht nicht in dem Brief.

Ich lege mich unter einen Baum und lese ihn immer wieder. Sie liebt mich!

Ich rufe die Alten. „Heute Abend", sage ich laut, „essen wir hier im Garten!"

Es wird ein schönes Abendessen. Ich spiele auf meiner Geige und die Alten tanzen dazu.

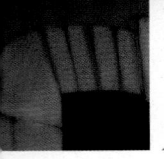

Aus dem Leben eines Taugenichts

„Heute ist ein besonderer Tag", erkläre ich ihnen, aber sie verstehen mich nicht. „Morgen geht es in die Ferne! Morgen reise ich ab!" sage ich und zeige erst auf mich, dann auf die Berge. Es scheint, sie freuen sich nicht mit mir.

In der Nacht liege ich im Fenster und sehe hinaus. Da sehe ich etwas im Garten. Zwei Personen, sie sprechen leise und kommen näher. Es sind die Alten. Im Mondschein blitzt ein Messer auf! Sie kommen ins Haus. Ich höre sie durch den Gang kommen, die Treppe hinauf. Was soll ich tun?

Jetzt sind sie an der Tür. Der Schlüssel!

Sie schließen die Tür zu! Ich bin gefangen!

Unter meinem Fenster ist wieder der Gitarrenspieler zu hören.

Ich klettere langsam hinaus und die Fassade entlang nach unten. Das letzte Stück muss ich springen. Der Mönch steht vor mir. Er sagt etwas, aber ich verstehe ihn nicht. Er nimmt mich an der Hand und führt mich zu einer Tür in der Schlossmauer. Er hat den Schlüssel. Schnell laufen wir hinaus, einen Weg entlang, in den Wald hinein. Von der Burg hören wir jetzt die Alten rufen. Hunde bellen. Sie kommen schon näher. Der Mönch kniet sich vor mich hin und sagt laut etwas mit *Iddio* und *cuore* und *amore* und *furore*. Ich laufe weg, immer geradeaus. Er schreit hinter mir her. Ich laufe, so schnell ich kann.

1. s Mönchskleid, er: braunes langes Kleid mit Kapuze, wie ein Sack.

ÜBUNGEN

Textverständnis

1 Was ist richtig (R), was falsch (F)?

		R	F
a	Der Erzähler sieht noch einmal das bucklige Männlein.	☐	☐
b	Im Garten gehen die Leute vor allem spazieren.	☐	☐
c	Im Garten stehen Statuen.	☐	☐
d	Nachts hört der Erzähler manchmal Gitarre spielen.	☐	☐
e	Es kommt ein Brief.	☐	☐
f	In dem Brief steht, er soll noch warten.	☐	☐
g	Die Alten freuen sich über die Abreise des jungen Mannes.	☐	☐
h	Mit Hilfe des Mönches kann der Erzähler weglaufen.	☐	☐
i	Er führt ein längeres Gespräch mit dem Mönch.	☐	☐

2 In der Nacht. Beantworte die Fragen.

a Was hört der Erzähler in der Nacht?
b Was sieht er in seiner letzten Nacht im Schloss?
c Was tun die Alten?
d Was glaubst du: was wollen sie tun?
e Warum muss der Erzähler hier weg?

3 Interpretation: Der Mönch.

C. D. Friedrich, *Mönch am Meer*, 1809

ÜBUNGEN

Auch diese Figur gehört zum Repertoire der (schwarzen) Romantik. Außer in dem berühmten Meisterwerk von Matthew Lewis (*The Monk*) tritt der Mönch auch bei E.T.A. Hoffmann und oft da auf, wo der Leser Angst bekommen soll. Was meinst du? Warum macht unser Mönch dem Erzähler Angst? Was wird dann aus dieser Angst?

Wortschatz

1 Manchmal geht es leicht, manchmal muss man die Wörter kennen … Bilde Substantive — ein paar Buchstabenkombinationen helfen dir vielleicht.

> itz   uch   unf

a   Vor seiner …………… (*ankommen*) sieht er den Mann.
b   Über seine …………… (*abreisen*) freut sich niemand.
c   Ich höre da nachts einen …………… (*schreien*).
d   Manchmal ist die …………… (*kalt*) sehr unangenehm.
e   Da bleibt ihm nur die …………… (*fliehen*).
f   Bei dieser …………… (*heiß*) kann ich nicht arbeiten.
g   Ohne deine …………… (*helfen*) geht es nicht.

Grammatik

1 Wir können jedes Adjektiv substantivieren, müssen dann aber an die Adjektivdeklination denken. Besonders beliebt ist der Ausruf „Ich Arme(r)!" Setze die richtige Endung ein.

a   Viele Arm……… haben kein gute Schule besucht.
b   Schon wieder ein Deutschtest? Wir Arm……… !
c   Der Staat hilft den Arm……… .
d   Ilona hat jetzt einen neuen Freund. Der Arm……… !

Grammatik Plus

1 Geht's auch komplizierter? Natürlich.
Einige, ein paar, manche, viele. Setze die Endungen ein.

- a Einige Arm......... wohnen in der Stadt.
- b Viele Arm......... wollen kein Geld vom Staat.
- c Er hat vielen Arm......... geholfen.
- d Ich kann nicht allen Arm......... Geld geben.
- e Ein paar Arm......... kenne ich auch.
- f Manche Arm......... sind Menschen wie du und ich.

Sprich dich aus

1 Du bist in der Burg gefangen, aber du hast dein Handy dabei. Das macht vieles einfacher. Du rufst einfach einen Freund an und erklärst ihm die Situation:

Ich will morgen abreisen und stehe nachts am Fenster und sehe ...

Schreib's auf

1 Der Taugenichts will nicht in der Burg bleiben, sondern fliehen. Das kommt öfter vor. Manchmal fühlen wir uns in einer Situation nicht wohl und möchten am liebsten weg: „hinaus in die Welt", in eine andere Schule, andere Familie, andere Welt. Zum Beispiel? Welche Situationen und Möglichkeiten fallen dir zum Thema *Flucht* ein?

ÜBUNGEN

INTERNETPROJEKT

Wir wandern!
Öffne die Website www.blackcat-cideb.com.
Gehe dann auf den Menüpunkt *Students*, danach auf Lesen und Üben. Suche dann den Titel des Buches und du bekommst die genaue Link-Angaben.
Zu Fuß nach Italien? Auf diese Idee kommen auch heute noch ziemlich viele Leute. Gruppen von Freiwilligen richten für sie Fernwanderwege ein (oder, in Österreich: Weitwanderwege), kümmern sich das ganze Jahr um Markierung und Kontrolle der Wege, machen Web-Sites dazu ein und ...
Per Internet kann also ein heutiger und modernisierter Taugenichts sich den Weg selbst zusammenstellen. Von Deutschland nach Italien, zu Fuß, oder, wie der Taugenichts unserer Geschichte, von Österreich nach Italien.

a   Gehe auf die Informationsseite zum Thema *Fernwanderwege* (*Weitwanderwege*).
b   Auf einer der dort abgebildeten Karten sucht du einen Fernwanderweg aus, der von Deutschland oder von Österreich nach Italien führt. Zu diesem Weg findet du auf der Seite einen Link zu weiteren Informationen.
c   Welcher Weg führt von Deutschland nach Verona?
d   Wie viele Tage dauert die Wanderung von München bis Verona?
e   Was gibt es auf diesem Weg zu sehen?

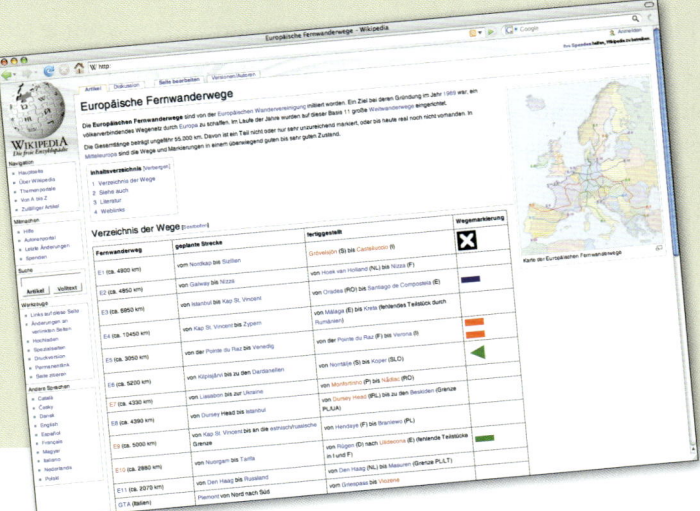

Kapitel 9
In Rom

Ich gehe Tag und Nacht weiter. Im Dunkeln komme ich vor eine Stadt. Es ist Rom, sagt man mir. Rom!

Der Mond scheint zwischen den Palästen, aber die Straßen sind schon alle leer. Hier und da liegt jemand auf einer Bank und schläft. Ich höre Springbrunnen [1] rauschen und rieche [2] den Duft [3] der Blumen. Aus einem Garten kommt Gitarrenmusik.

Eine Frau singt ein Lied dazu, ein Lied ... Das kenne ich doch! Das muss sie sein, meine schöne gnädige Frau!

Ich steige auf die Mauer und springe in den Garten. Schlank und weiß steht dort eine Frau hinter einem Baum. Sie sieht mich und läuft schnell ins Haus. „Das ist sie", rufe ich, aber als ich zum Haus komme, sind alle Fenster und Türen verschlossen.

1. **r Springbrunnen, =**: Wasser kommt hier in einer Fontäne aus der Erde.
2. **riechen**: mit der Nase.
3. **r Duft, "e**: guter Geruch, Parfüm.

In Rom

Natürlich, im Dunkeln hat sie mich nicht erkannt. Ich nehme meine Geige und spiele mein Lied von der schönen gnädigen Frau. Aber es hilft nichts. Sie kommt nicht wieder aus dem Haus. Ich lege mich vor die Haustür und schlafe ein.

Als ich aufwache, ist das Haus immer noch verschlossen. Kein Mensch ist zu sehen, auch im Garten nicht. Ich bekomme langsam Angst. Habe ich nur geträumt? Ich steige auf die Gartenmauer. Ich bleibe dort stehen, so schön ist es. Die Morgensonne scheint auf die Dächer der Kirchen und Paläste. Voll Freude springe ich auf die Straße.

Aber wohin soll ich jetzt gehen? Ich setze mich an einen Springbrunnen und wasche mich ein wenig. Dazu singe ich ein Lied.

„Na, ihr singt ja schön", höre ich da auf einmal hinter mir einen jungen Mann rufen. Endlich spricht wieder jemand deutsch!

„Willkommen, Landsmann!" rufe ich aus. Der junge Mann lächelt und sieht mich von oben bis unten an. „Was macht Ihr denn hier in Rom?" fragt er mich.

Ja, was mache ich hier? „Ich ... bin auf Reisen. Ich will die Welt sehen", antworte ich.

„So so! Da haben wir ja denselben Beruf: die Welt sehen. Und ich male sie auch noch."

„Ein Maler!" freue ich mich. Ich denke an Leonhard und Guido, aber der Herr spricht ohne Pause weiter. „Kommt mit zu mir", sagt er, „da können wir frühstücken und ich will euch malen."

Zusammen gehen wir durch viele enge und dunkle Straßen. Dann führt er mich in ein altes schwarzes Haus. Das Zimmer des Malers ist sehr unordentlich. Bilder, Farben, Möbel und Kleidung,

Aus dem Leben eines Taugenichts

alles steht und liegt durcheinander [1]. Aber durchs Fenster kann man weit über die Stadt hinaussehen, bis in die Berge.

Zum Frühstück gibt es Brot und Butter, dazu Wein aus der Flasche.

„Und jetzt setz dich dorthin", sagt er und stellt sich vor ein Bild, das noch nicht ganz fertig ist. Maria und Josef und das Jesuskind sind schon zu sehen. Mich malt er als Hirten.

Aber Modellsitzen ist langweilig. Endlich darf ich aufstehen. Ich sehe mir die Bilder an der Wand an. Zwei gefallen mir besonders gut. „Ja die", sagt der Maler, „die sind von Leonardo da Vinci und von Guido Reni, nicht von mir."

„Leonhard und Guido! Die kenne ich doch! Mit den beiden bin ich nach Italien gekommen!"

Der Maler sieht mich an. „Wie?" Dann lacht er plötzlich laut. „Ach so! Guido und Leonhard, die beiden Maler aus Deutschland! Dann kennst du sicher auch diese Dame hier."

Er holt ein Bild, auf dem eine sehr elegante Dame zu sehen ist. Es ist ... die schöne, gnädige Frau!

„Wo ist sie?" frage ich.

„Ich weiß es nicht", antwortet der Maler. „Aber wenn Ihr heute Abend um acht wiederkommt, weiß ich vielleicht mehr. Und jetzt lasst mich bitte arbeiten."

Ich gehe hinaus. Es sind jetzt viele Leute auf der Straße. Ich suche den Garten der schönen gnädigen Frau, aber ich finde ihn nicht. Mittags bin ich wieder allein. Alle sind wieder in ihren Häusern. Es ist so heiß.

Ich setze mich unter einen Baum an einen Brunnen. Dann schlafe ich ein.

---

1. **durcheinander**: nicht geordnet, chaotisch.

ÜBUNGEN

Textverständnis

1 Was ist richtig?

1. Wen glaubt der Erzähler in Rom als erstes zu hören?
   a ☐ Die schöne gnädige Frau.
   b ☐ Das bucklige Männlein.
2. Wer spricht den Erzähler am Springbrunnen an?
   a ☐ Ein Maler.
   b ☐ Ein Mönch.
3. Wie ist die Wohnung, die der Taugenichts sieht?
   a ☐ Eine elegante Stadtwohnung.
   b ☐ Ein großes Durcheinander, nur die Aussicht ist schön.
4. Wen kennen beide persönlich, Maler und Taugenichts?
   a ☐ Leonardo da Vinci und Guido Reni.
   b ☐ Leonhard und Guido, zwei Maler aus Deutschland.
5. Wen hat der Maler gemalt?
   a ☐ Den Taugenichts, Leonardo und Guido, die schöne gnädige Frau.
   b ☐ Den Taugenichts als Hirten und die schöne gnädige Frau.
6. Wann sind die Römer auf der Straße?
   a ☐ Tag und Nacht.
   b ☐ Vormittags und abends, mittags nicht.
7. Wann will der Maler den Taugenichts wieder treffen?
   a ☐ Um acht Uhr morgens in seiner Wohnung.
   b ☐ Um acht Uhr abends in seiner Wohnung.
8. Warum kommt der Taugenichts sicher nicht pünktlich zum Maler?
   a ☐ Er schläft am Brunnen.
   b ☐ Er findet den Weg nicht wieder.

2 Einige praktische Fragen.

a. Wo schläft der Taugenichts? Was isst er? Wäscht er sich?
b. Wer so einen Taugenichts auf der Landstraße trifft, nennt ihn nicht Taugenichts, sondern wie? L _ ND STR _ I _ H _ _ .
c. Und wie sieht es mit der Schulbildung aus? Was kann er?

Wortschatz Plus

1 Was Künstler so machen.

Einige singen oder spielen Instrumente. Es gibt Blasinstrumente wie die Trompete, das H................. **1**, die O................. **2**, Schlaginstrumente wie die T................. **3**, Streichinstrumente wie die G................. **4** und Zupfinstrumente wie die G................. **5**. Viele Musiker ziehen von Stadt zu Stadt, heute sagt man, sie gehen auf Tournee. Andere m................. **6** (in Öl, Aquarell ...), viele zeichnen. Für ihre B................. **7** bekommen sie, wenn sie berühmt sind, viel Geld. Aber nicht alle werden berühmt, und für F................. **8** und Leinwand brauchen sie immer Geld.

Grammatik

1 Zur Vergangenheit. Scheibe die Infinitive der Verben neben die Sätze und setze diese dann ins Präsens.

a   Mit ihnen bin ich nach Italien gekommen.   ....
b   Es ist da etwas passiert.   ....
c   Das habe ich in Deutschland gehört.   ....
d   Ich habe den Duft der Rosen gerochen.   ....
e   Er hat mir einen Brief gebracht.   ....
f   Ich habe mich dorthin gesetzt.   ....
g   Ich bin durch die Welt gereist.   ....
h   Dabei hat er viel geschlafen.   ....
i   Er hat hier einen Maler getroffen.   ....

Schreib's auf

1 Dein Künstlerleben. Du bist Maler/in oder Musiker/in. Wo lebst du? Wie lebst du? Wie verdienst du dein Geld? Was tust du den ganzen Tag? Triffst du andere Künstler/innen?

Der Wanderer in dem Gemälde *Die Begegnung* von Gustave Courbet, 1854

Heute hier, morgen dort
– Das Wandern ist des Müllers Lust

Die Leute bleiben nicht, wo sie sind. Heute glauben viele, das sei ein Effekt der Globalisierung. In Wirklichkeit war die Sesshaftigkeit in der Menschheitsgeschichte nie die Regel.

Auch in Europa ... hat man nie mit dem Wandern aufgehört. Bei der Völkerwanderung war das durcheinander geraten, kurze Zeit später wanderten christliche Missionare bis nach Sachsen, nach Skandinavien, nach Estland und Lettland. Wo sie hinkamen, entstanden Klöster und (in großen Städten) Universitäten. Was taten die Studenten? Richtig, sie studierten nicht an einem, sondern an mehreren Orten und wanderten von einer Universitätsstadt zur nächsten. Die ärmeren von ihnen zogen auch in den Ferien durchs Land und versuchten, etwas Geld zu verdienen – ganz so wie die Prager Studenten im *Taugenichts* (Kapitel 11). Wandernde Studenten und Geistliche haben natürlich auch gesungen, meistens auf Latein – das ist die sogenannte Vagantenlyrik: viele der Texte sind in der *Carmina Burana* gesammelt (ein paar deutsche sind auch dabei). Doch wanderten schon im Mittelalter nicht nur die Intellektuellen, sondern auch die Handwerker. Oft lernten sie in einer fremden Stadt, fern von zu Hause, ihren Beruf. Nach der Lehre (oft sieben Jahre lang) gingen sie dann für drei Jahre und einen Tag „auf Walz", zogen von Ort zu Ort und arbeiteten da in ihrem Beruf. Das war nicht immer idyllisch. Die fremden Handwerker waren nicht überall gern gesehen. Sie brachten oft politische Unruhe in die Stadt. Sie nahmen den andern die Arbeit und die Mädchen weg. Ganz sicher haben jedoch die meisten dabei viel gelernt. Übrigens: wandernde Handwerksgesellen (schwarze Hose, schwarze Weste mit Silberknöpfen, schwarzer Hut) kannst du auch heute noch in Deutschland (und außerhalb) antreffen.

Diese Wanderei ist kein deutsches, sondern ein mitteleuropäisches Phänomen. In ganz Nord- und Mitteleuropa kommt im Laufe des

Handwerksgesellen in alter Tracht

achtzehnten Jahrhunderts auch das Reisen der reichen Leute in Mode: Die *Grand Tour* führte Söhne, manchmal auch Töchter des gehobenen Bürgertums und des Adels oft nach Frankreich, meistens nach Italien.

Mit der Romantik erlebt das Wandern eine neue Blüte. Wanderlieder werden gesammelt, neu geschrieben, veröffentlicht. Die Stadtbürger ziehen in der Freizeit hinaus in die Natur (die ersten deutschen Bürgerinitiativen zur Rettung des Waldes entstehen in dieser Zeit). Dieser Trend reißt bis heute nicht ab: Anfang des Zwanzigsten Jahrhunderts in der zivilisationskritischen Jugendbewegung, genannt *Wandervogel*, zwischen 1950 und 1980 bei den Beats, Hippies und Alternativen. Auch in der Musik spiegelt sich das wieder, in englischsprachigen, aber auch in deutschen Liedern wie *Heute hier, morgen dort* des Liedermachers Hannes Wader, der in den 1970er Jahren in Deutschland sehr populär war.

1 Fragen zum Text.

a Wie, wann und warum wandern oder wanderten die folgenden Personengruppen:

| Bürger | Geistliche | Handwerker | junge Leute | Studenten |

b Was ist die Vagantenlyrik?

c Welche Wandertraditionen gibt es in deinem Land? Dieselben wie in Deutschland oder andere (zum Beispiel: Auswanderung, Pilgerzüge nach Santiago de Compostela, Saisonarbeiter ...)

d Kennst du Lieder oder Romane, in den es um Wandern (Reisen) geht?

e Nach dem Abitur: ein Jahr auf Wanderschaft. Du kannst fahren, wohin du willst, aber du musst etwas fürs Leben lernen. Wohin fährst du?

Wanderlieder

13 In der Tradition des Wanderns sind viele Lieder entstanden: Volkslieder, die auch heute noch gesungen werden.

1
Auf, du junger Wandersmann,
bald schon kommt die Zeit heran,
die Wanderzeit die gibt uns Freud.
Woll'n uns auf die Fahrt begeben,
das ist unser schönstes Leben,
große Wasser, Berg und Tal,
anzuschauen überall.

2
Im Frühtau zu Berge wir ziehn,
Falera
Es grünen die Wälder und Höh'n,
Falera
|: Wir wandern ohne Sorgen
Singend in den Morgen
Noch ehe im Tale die Hähne krähen. :|

3
Mein Vater war ein Wandersmann
und mir steckt's auch im Blut;
D'rum wand're ich froh, so lang ich kann
und schwenke meinen Hut.
Valderi, valdera, valderi,
valdera ha ha ha ha ha
Valderi, valdera,
und schwenke meinen Hut.

4
|: Das Wandern ist des Müllers Lust: |
Das Wandern
Das muss ein schlechter Müller sein
|: Dem niemals fiel das Wandern ein: |
Das Wandern
Das Wandern...

1 Leseverständnis

a In welchem Lied wird sehr früh am Morgen gewandert?
b In welchem Lied geht es um Handwerker?
c In welchen Liedern ist Wandern etwas für jedes Alter, in welchen nur für junge Leute?

Kapitel 10
Römische Nacht

14 Ich wache wieder auf, weil jemand schreit. Wer ist das? In einem offenen Fenster sitzt ein Papagei. „Furfante!" schreit er immer wieder. Das lass ich mir nicht sagen. „Na hör mal", antworte ich. „Was willst du denn?" „Furfante!" So geht das eine Zeit lang. Da höre ich jemanden hinter mir lachen.

Es ist der Maler. „Da bist du ja!"

Wieder gehen wir zusammen durch enge und dunkle Straßen.

Wir kommen in einen Park. Zwei Frauen singen.

Ein Mann steht vor ihnen und gibt den Takt. Männer und Frauen sitzen auf Bänken und hören zu. Die Männer sind Maler: sie tragen weiße Mäntel.

Plötzlich fliegt die Gartentür auf. Ganz rot kommt eine junge Frau herein und ein junger Mann. Sie streiten laut.

„Oh du Falsche! Du Untreue! Warum gibst du mir den Brief nicht? Ja, gib ihn mir! Von wem ist er?"

Die anderen wollen ihn halten, er schlägt nach rechts und

Römische Nacht

links. Es gibt ein großes Durcheinander. Das Mädchen kann weglaufen und läuft ... zu mir!

Es ist die Kammerjungfer der schönen gnädigen Frau!

„Nur für Euch, das ganze Theater", sagt sie und gibt mir ein Briefchen.

„Aber wo kommt Ihr denn jetzt her?" frage ich sie.

„Still!" antwortet sie. „Seid still, Herr Einnehmer!"

Die anderen wollen wieder streiten, doch ich nehme meine Geige vor und spiele einen Walzer. Jetzt tanzen alle.

Ich spiele weiter. Ich singe und springe.

Da steht wieder die Kammerjungfer hinter mir. „So ein Esel! Warum lest Ihr den Brief nicht? Die schöne Gräfin wartet!"

Und weg ist sie. Schnell nehme ich das Briefchen aus der Tasche. „Um elf Uhr an der kleinen Gartentür", steht da, dann ist der Weg erklärt.

Bis elf, da habe ich noch Zeit.

Ich setze mich zu dem Maler, mit dem ich hergekommen war. Ein zweiter kommt dazu. Es ist der Mann, der mit der Kammerjungfer gestritten hat.

Wir trinken noch eine Flasche Wein zusammen. Einer spielt Gitarre und singt dazu.

Das ist meine Chance. Ich laufe hinaus aus dem Garten.

Auf der Straße kann ich die beiden Maler noch hören. Ich laufe, so schnell ich kann.

„Rechts in die Straße!" Das ist es! Der Springbrunnen, die Gartenmauer ... hier habe ich vergangene Nacht die schöne gnädige Frau gehört.

Und auch heute singt sie das Lied.

Ich laufe zur Gartentür. Sie ist verschlossen Natürlich, es ist

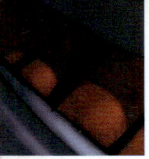# Aus dem Leben eines Taugenichts

erst zehn Uhr. Ich setze mich an den Brunnen. Nach einer Zeit kommt ein Mann die Straße entlang. Er trägt einen weißen Mantel. Schon wieder einer der Maler! Er geht zur Gartentür. Er hat einen Schlüssel! Er öffnet und geht hinein.

„Der ist betrunken", denke ich und gehe leise hinter ihm her.

Alles still. Durchs offene Fenster kann ich die schöne gnädige Frau sehen. Sie liegt auf einem Bettchen und spielt Gitarre.

Aber wo ist der … da! Da ist jemand! Ganz langsam geht der Mann im weißen Mantel zum Haus! Ich laufe ihm nach.

Römische Nacht

„Mörder[1]!" schreie ich. „Zu Hilfe!" Jetzt läuft er schnell weg, zum Haus. Ich schreie immer lauter. Da habe ich ihn.

„Lass mich, du Esel!"

Es ist die Kammerjungfer!

„Der Maler?" „Ich trage seinen Mantel, es ist kalt!"

Die Haustür geht auf und die schöne gnädige Frau sieht uns an. Die gnädige Frau? Vor uns steht eine große, korpulente Dame mit einer großen Nase. Sie sieht majestätisch aus. Ich will ihre

1. **r Mörder, =**: tötet andere Menschen.

Aus dem Leben eines Taugenichts

Hand küssen, aber sie lacht nur und schlägt mir die Tür vor der Nase zu.

Von meinem Geschrei sind alle Nachbarn wach geworden. Männer mit Hunden kommen in den Garten.

„So ein Dummkopf!" sagt die Kammerjungfer zu mir.

„Aber der Brief ..."

„Von meiner Gräfin, mein Lieber! Sie singt für Euch, schreibt Euch Briefe, wartet auf Euch ... und Ihr? Ein Mordstheater! Jetzt weg hier, aber schnell!"

„Aber die schöne gnädige Frau?"

„Ist schon lange wieder in Deutschland. Dahin fahrt Ihr am besten auch zurück. Kommt!"

Die Männer kommen näher.

„Wo ist er? Wo ist er?" fragen sie.

Schnell schreit die Kammerjungfer: „Dort! Da hinten läuft er!" Und alle laufen auf die andere Seite des Gartens.

„Hier!" sagt sie leise zu mir und hält die kleine Gartentür auf. „Macht, dass Ihr wegkommt." Hinter mir schlägt die Tür zu.

Dieses falsche Italien mit seinen betrunkenen Malern, Kammerjungfern und Pomeranzen ist nichts für mich. Eine Stunde später wandere ich wieder auf der Landstraße Richtung Norden.

ÜBUNGEN

Textverständnis

1 Welche Antwort ist richtig? Manchmal auch mehr als eine.

a Wo findet das Fest statt?
   ☐ In einem Park.
   ☐ In den Bergen.
   ☐ In einer Villa.

b Was tun die Leute?
   ☐ Singen.
   ☐ Streiten.
   ☐ Trinken.
   ☐ Malen.

c Wie viele Leute sind bei dem Fest dabei?
   ☐ Drei.
   ☐ Vier.
   ☐ Mehr als vier.

d Wer stört die Musik?
   ☐ Ein Paar, das streitet.
   ☐ Ein Mann und eine Frau, die ein Briefchen hat.
   ☐ Die Kammerjungfer vom Schloss und ihr Freund.

e Was steht in dem Brief?
   ☐ Eine Frau schreibt, der Taugenichts soll um elf ans Gartentor kommen.
   ☐ Die schöne gnädige Frau schreibt, sie will ihn sehen.

f Wen sieht der Taugenichts in den Garten gehen?
   ☐ Einen Mörder.
   ☐ Den Maler, den er aus dem Park kennt.
   ☐ Eine Person, die einen weißen Mantel trägt.

g Wer erwartet den Taugenichts?
   ☐ Die schöne gnädige Frau.
   ☐ Die Herrin der Kammerjungfer.
   ☐ Eine reiche, nicht sehr dünne Römerin.

ÜBUNGEN

2 Mörder! Beantworte die Fragen.

a Warum glaubt der Erzähler, er sieht einen Maler in den Garten gehen?
　..
b Warum will die Römerin nichts mehr von ihm wissen?
　..
c Warum kommen Männer mit Hunden in den Garten?
　..
d Wo ist jetzt die schöne gnädige Frau?
　..

Grammatik

1 Ins Perfekt? Immer langsam! Hier setzt du nur das passende Hilfsverb ein.

a Ich .... letzte Woche mit Freunden nach Rom gewandert.
b Wir .... drei Tage dort geblieben.
c Wir .... dort viele Künstler kennen gelernt.
d Mit denen .... wir im Garten Wein getrunken.
e Aber nach ein paar Stunden .... mir das zu dumm geworden.
f Ich .... meine Freunde zusammen gerufen.
g Wir .... uns wieder auf den Weg gemacht.
h Wir .... dann nach Wien gefahren.

2 Und nun richtig ins Perfekt, bitte!

a Ich komme aus Wien.
b Ich wohne eine Woche in einem Schloss.
c Ich suche die schöne gnädige Frau.
d Der Mönch hilft mir.

e Ich wandere bis in die nächste Stadt.
f Ich höre den Gesang der schönen Frau.
g Ich treffe einen Maler.
h Wir reisen bald wieder ab.

Hör zu

1 Hier spricht ein junger Maler, der nicht nach Italien will. Der Text stammt von dem Schweizer Schriftsteller Robert Walser. Hör zu und kreuze an, was richtig ist.

a Der junge Mann ist krank. ☐
b Hier gibt es viele Schönheiten. ☐
c Der junge Mann braucht italienische Schönheit nicht. ☐
d Viele italienische Maler kommen in die Schweiz. ☐

Schreib's auf

1 Lebensstile. Du hast gesehen, dass die Maler in Rom ein nicht ganz normales Leben führen. Aber es gibt viele solcher Gruppen, deren Existenz etwas anders aussieht als das normale Angestelltenleben … Such dir eine der folgenden „Szenen" aus und beschreibe in 5-6 Sätzen, wie du dir das Leben (Wohnungen, Essen und Trinken, finanzielle Situation, Feste) dieser Leute vorstellst.

a Schriftsteller/innen in Paris
b Werbeleute in Hamburg
c Maler in München
d Revolutionäre im Dschungel
e Politiker/innen in Brüssel

Kapitel 11
Die drei Studenten

Ich esse und schlafe nicht viel. Ich wandere immer weiter, spiele auf meiner Geige und singe. Eines Tages treffe ich in einem Wald auf drei junge Männer. Sie haben Musikinstrumente bei sich. Oboe, Klarinette und Waldhorn. Als sie mich sehen, sagt einer von ihnen: „Wieder einer, der kein Geld hat. Na ja, spielen wir zusammen!" Es sind drei Theologiestudenten aus Prag, die in den Ferien auf Wanderschaft gehen und sich mit der Musik ihr Geld verdienen müssen.

„Wie traurig!" denke ich. „So gebildete Leute so allein auf der Welt. Und bin ich das nicht auch? Wer fragt schon nach mir?"

Die Tränen stehen mir in den Augen. Der Waldhornist sieht mich groß an. „Das macht doch nichts", sagt er. „Das ist doch das Schönste, so am frühen Morgen hinausgehen und nicht wissen, was und wohin uns der Tag bringen wird." „Richtig!" sagt der andere, „und wo wir hinkommen mit unseren Instrumenten, wird alles fröhlich und tanzt, Herr oder Knecht[1]."

---

1. **r Knecht, e**: arbeitet für den Herrn.

Die drei Studenten

„Die anderen sitzen zu Hause und studieren in Kompendien. Wir studieren in dem großen Buche Gottes. Wir werden sicher einmal die besseren Pfarrer, haben etwas gesehen von der Welt und können was erzählen!"

Da möchte ich am liebsten mitstudieren. Ich höre so gern gebildeten Leuten zu, wo man etwas profitieren kann.

„Ich hab's!" schreit da plötzlich der Waldhornist, die Landkarte vor sich. „Hier, in der Nähe von Wien, da steht ein Schloss, und der Portier ist mein Cousin! Da müssen wir hin!"

„Ist der Portier vielleicht ein großer Mann mit einer großen aristokratischen Nase?" frage ich.

„Ja, von hier bis zum Horizont!" antwortet der Waldhornist.

Zusammen nehmen wir das nächste Postschiff. Auf der Donau fahren wir zum Schloss der schönen Gräfin.

Seltsame Leute fahren hier mit. Ein älterer Herr in einer grauen Jacke und ein junger, schlanker Bursche, die ohne Pause miteinander sprechen und mich ansehen. Ein hübsches junges Mädchen ... die Studenten möchten sie gern kennen lernen. Ich aber sitze vorne auf dem Schiff und sehe in die blaue Ferne. Ein Turm und ein Schloss nach dem anderen, kommen wir meiner Schönen immer näher. „Warum kann ich nicht fliegen?"

Ich nehme meine liebe Geige und spiele alle meine alten Stücke.

Der alte Mann steht hinter mir und hört mir zu. Dann sagt er: „Ei, ei, Herr Ludi Magister[1], Essen und Trinken vergisst er!"

Es ist ein Pfarrer, sehe ich jetzt. Er lacht und führt mich zu einem Tisch. Die Studenten und das junge Mädchen sitzen schon

---

1. **Ludi Magister**: Meister des Spielens.

Aus dem Leben eines Taugenichts

dort. In einer Tasche hat er einen großen Braten und Brot, in einer anderen mehrere Weinflaschen und einen Kelch [1]. Er legt das Essen auf den Tisch und lässt dann jeden von uns aus dem Kelch trinken.

Das Mädchen sagt anfangs gar nichts. Nach und nach wird es aber immer lustiger. Es erzählt, dass es jetzt auf einem Schloss arbeiten soll, dem Schloss meiner schönen gnädigen Frau!

„Also das wird nun meine Kammerjungfer", denke ich und werde ganz rot.

1. **r Kelch, e**: wie ein Glas, aber aus Metall oder Holz.

Die drei Studenten

„Auf dem Schloss soll es bald eine große Hochzeit geben", weiß der Pfarrer.

„Ja", antwortet das Mädchen. „Eine romantische Liebesgeschichte, sagt man."

„Der Bräutigam[1] kommt bald", sagt nun der Pfarrer.

Wieder werde ich ganz rot. „Kennt Ihr den Bräutigam denn?", frage ich.

---

1. **r Bräutigam, e**: Mann, der heiratet.

Aus dem Leben eines Taugenichts

„Nein, aber ich habe von ihm gehört. Lebt wie ein Landstreicher. Am Tag macht er Musik, nachts schläft er vor Haustüren."

„Herr Pfarrer!" rufe ich aus. „Das ist nicht wahr! Er ist ein moralischer, schlanker, junger Mann. In Italien hat er in einem Schloss gelebt und hat dort viele Gräfinnen, Maler und Kammerjungfern kennen gelernt! Sparsam ist er auch, nur hat er leider meistens kein Geld!"

„Ihr kennt ihn wohl gut?" fragt der Pfarrer. Er wird ganz rot vor Lachen und die Tränen stehen ihm in den Augen.

„Das ist doch alles nicht richtig. Er ist ein großer, sehr reicher Herr, habe ich gehört", sagt nun das Mädchen.

„Konfusion, nichts als Konfusion", lacht der Pfarrer noch immer.

Dann nimmt er den Kelch und ruft: „Das Brautpaar soll leben!"

Dann wird es etwas ruhiger.

Der Geistliche fragt die Studenten, woher sie kommen und erzählt dann auch von seinen Studentenjahren und wie das doch die beste Zeit des Lebens ist. Die Studenten singen wieder.

Adieu in die Länge und Breite
O Prag, wir ziehn in die Weite
Et habeat bonam pacem,
　qui sedet post fornacem!

ÜBUNGEN

Textverständnis

1 Streiche, was falsch ist.

a Der Erzähler (*wandert/fährt*) zurück Richtung Wien und trifft dort drei (*Theologiestudenten/ Musikstudenten*) aus (*Wien/Prag*), die (*sehr wenig/viel*) Geld haben.

b Sie finden ihr Wanderleben (*schön/langweilig*). Einer der Musikanten ist (*Cousin/Freund*) des (*Amtmanns/Portiers*) im Schloss der schönen Frau.

c Zusammen wollen sie (*ein Postschiff/eine Postkutsche*) nehmen.

d Der Taugenichts freut sich auf (*sein Einnehmerhäuschen/die schöne gnädige Frau*)

e Dort lernen sie einen (*Geistlichen/Mönch*) und ein junges Mädchen kennen, das auf dem Schloss als (*Kammerjungfer/Gärtnerin*) arbeiten soll.

f Auf der Fahrt trinken sie (*Wein/Bier*) zusammen und sprechen über eine (*Ehe/Hochzeit*).

2 Wer heiratet wen?
Wir hören verschiedene Dinge über die Hochzeit. Es gibt zwei Versionen.

a Was glaubt der Taugenichts?
b Was glaubt das junge Mädchen?
c Warum lacht der Pfarrer?

Wortschatz Plus

1 „Ich erkläre euch für Mann und Frau ..." Streiche, was nicht passt.

a Susi und Frank sind schon lange ein (*Doppel/Paar/beide*).
b Am Sonntag wollen sie (*sich verheiraten/heiraten/sich heiraten*).
c Zu jeder Braut gehört ein (*Wart/Bräutigam/Herr*).

ÜBUNGEN

d Bei der kirchlichen (*Hochzeit/Ehe*) führt meistens der Vater die Braut an den (*Tisch/Altar*).

e Alle wünschen dem (*Doppel/Paar/beide*) eine glückliche (*Hochzeit/Ehe*).

f Wir wissen, dass nicht alle (*Hochzeiten/Ehen*) glücklich werden.

g Das (*Doppel/Paar/beide*) kann sich auch (*trennen/zerschlagen*) oder (*scheiden/scheiden lassen*).

h Einige Zeit später feiern sie dann vielleicht eine neue (*Hochzeit/Ehe*) mit einem anderen Partner.

Grammatik

1 Nicht nur Spione, auch Pfarrer brauchen die richtigen Fragewörter.

a .... kennst du die gnädige Frau?
b .... bleibst du in Rom?
c .... hast du gegen die Jagd, mein Freund?
d .... lässt du deine Nase nicht operieren?
e .... Geld verdienst du hier?
f .... arbeitest du hier?
g .... willst du gegen ihn tun?
h .... lacht der Alte die ganze Zeit?
i .... freut sich der Taugenichts?
j .... denkt die junge Kammerjungfer?

Sprich dich aus

1 Heute heiraten nicht alle Paare, die zusammen leben wollen. Warum nicht? Stellen wir uns vor, die „schöne gnädige Frau" will mit dem Taugenichts unverheiratet zusammenleben. Was sagt unser Romantiker dazu?

Kapitel 12
Und es ist alles, alles gut

Das Schiff kommt ans Ufer, wir springen schnell an Land. Der Pfarrer geht mit dem neuen Kammermädchen sofort zum Schloss, die Studenten suchen sich einen Platz, wo sie sich ein wenig waschen können. Und ich laufe in der Abendsonne zum Schlossgarten. Vor dem Einnehmerhaus bleibe ich aber stehen und sehe durchs Fenster hinein. Niemand da. Alles ist so, wie es vor meiner Abreise war. Ich springe durchs Fenster hinein und setze mich an den großen Schreibtisch.

In dem Moment kommt ein Mann ins Zimmer. Groß und mager, trägt er meinen Schlafrock besser als ich. Das muss der Einnehmer sein. Besser, ich gehe jetzt.

Ich springe durch den Garten wieder hinaus. Es sind keine Blumen mehr da. Der neue Einnehmer hat wieder Kartoffeln gepflanzt.

Ich laufe weiter, in den Schlossgarten hinein. Auf einmal höre ich jemanden singen.

Aus dem Leben eines Taugenichts

Still ist der Menschen laute Lust,
Singt die Erde wie in Träumen,
Wunderbar mit allen Bäumen,
Wer das Herz noch nicht gewusst.

Das kenne ich, und den Sänger kenne ich auch!
„Das ist der Herr Guido!" rufe ich voller Freude. Aber wo ist er? Da hinter den Bäumen? Hinter den Rosenbüschen muss er sein!

Ich bleibe wie vom Blitz getroffen stehen.

Auf dem grünen Platz am Teich sitzt die schöne gnädige Frau auf einer Bank. Neben ihr sitzt eine andere Frau mit langen braunen Haaren und spielt auf einer Gitarre.

Da sieht mich die schöne Frau und schreit laut auf. Die andere sieht mich an, muss laut lachen, steht dann auf und klatscht in die Hände. Zwischen den Rosen kommt nun eine Gruppe von kleinen Mädchen, ganz weiß gekleidet. Sie halten eine lange Blumengirlande in den Händen, tanzen um uns herum und singen dazu. Ein sehr eleganter junger Mann kommt dazu. Es ist der lustige Herr Leonhard! Er nimmt die schöne gnädige Frau an der Hand, führt sie zu mir und sagt:

„Die Liebe ist das höchste und stärkte, was wir haben. Sie kennt keine Rangdifferenzen, sie bringt uns von Deutschland nach Italien und wieder zurück, die Welt ist ihr zu eng und alle Zeit zu kurz. Sie macht jeden einmal im Leben zum Poeten und Phantasten. O teuerster Herr Einnehmer und Bräutigam! Bis an den Tiber seid Ihr gereist, und das kleine Händchen Eurer Braut hat Euch doch immer gehalten und Ihr habt zurückgefunden! Da bleibt nur eins: liebt Euch und seid glücklich!"

Aus dem Leben eines Taugenichts

Jetzt kommt die andere junge Dame zu mir und setzt mir einen Blumenkranz auf. „Nun?" fragt sie, „kennt Ihr noch die Räuber, die Euch nachts vom Baum geholt haben?"

Ich weiß nicht, was soll ich sagen? Ich sehe mir die Dame noch einmal an. Kenne ich sie nicht auch schon? Ja natürlich, die Dame ist kein anderer als der junge Herr Maler Guido!

„Herr Einnehmer!" beginnt da schon wieder Herr Leonhard. „Das muss ein bisschen schnell gehen mit dem Nachdenken. Ich kann Euch jetzt nur kurz erzählen, was geschehen ist. Fräulein Flora, die Ihr hier vor Euch seht, hat sich in jemanden verliebt und das war ich. Da ist ein anderer gekommen mit Prologen und Theater und Trompeten und wollte Flora heiraten. Flora wollte nicht, aber die ganze Familie war gegen sie und da dachte der jemand, also ich, wir fahren ein wenig weg, bis das ganze Theater zu Ende ist. Ich setze mich also auf mein Pferd, das Fräulein Flora unter dem Namen Guido auf das andere und so geht es nach Süden. Vor dem Wirtshaus, wo Ihr so gut geschlafen habt, hat Flora einen Spion ihrer Familie gesehen."

„Natürlich!" rufe ich aus: „Das bucklige Männlein!"

„Richtig. Wir beide sind dann schnell in die Wälder und haben Euch mit der Postkutsche weiter fahren lassen. Nicht nur der Spion, auch auf der Burg hat man das alles geglaubt und gedacht, Ihr seid das Fräulein Flora. Für Flora war auch der Brief, den Ihr dort bekommen habt. Floras und meine Familie haben in der Zwischenzeit unsere Liebe akzeptiert und ... ja, und jetzt wird geheiratet!"

Aus den Büschen kommt da eine Kapelle mit Trompeten, Hörnern und Posaunen zu uns. Alle rufen *Vivat* und ich sehe alle alten Freunde wieder, auch den Portier. Das ist eine Freude.

Da läuft die schöne gnädige Frau in den Garten. Ich laufe

Und es ist alles, alles gut

hinter ihr her. Vor einem kleinen Sommerhäuschen bleiben wir stehen. Dann gehen wir hinein. Endlich allein! Aber ich weiß nicht, was ich sagen soll.

Ich nehme ihre Hand, sie umarmt mich. Aber nur kurz. Ganz rot steht sie im Fenster und sieht hinaus.

„Es ist noch alles wie im Traum", sage ich.

„Für mich auch", antwortet sie „Weißt du, im Sommer in Rom haben wir Flora wieder gefunden und für sie war alles gut, nur von dir haben wir nichts gehört, … da habe ich es nicht mehr geglaubt. Und jetzt bist du hier!" Sie lacht: „Weißt du noch, wie du mich zum letzten Mal hier auf dem Balkon gesehen hast? Das

Aus dem Leben eines Taugenichts

war so ein Abend wie heute."

„Und Euer Mann, gnädige Frau, ist gestorben?"

„Wie? Mein Mann? Da auf dem Balkon, das war der Sohn von der Gräfin. Er war von einer Reise zurückgekommen. Es war sein Fest. Und ich hatte an dem Tag Geburtstag. Darum führte er mich auf den Balkon hinaus. Du hast mich mit ihm dort gesehen und bist fortgelaufen, richtig?"

„Ja, das ist richtig." Wir lachen und sehen auf den Teich hinaus.

„Siehst du", sagt sie nach einer Weile. „Und das kleine Schloss da hinter dem Teich, das weiße, das schenkt uns der Graf. Da können wir wohnen. Denn du hast ihm und Flora geholfen und bist für Flora auf die Burg gefahren. Ohne dich ..."

„Mein Gott! Gnädigste! Schönste! So viele Neuigkeiten auf einmal!"

„Aber warum sagst du immer Gnädigste zu mir?" fragt sie mich. „Ich bin doch keine Gräfin. Unsere gnädige Gräfin hat mich ins Haus genommen, denn mein Onkel, der Portier, hat mich als Waise[1] mitgebracht."

Sie ist keine Gräfin!

„Der Portier ist dein Onkel! Das ist ein guter Mann!"

„Das sagt er von dir auch. Nur etwas besser anziehen musst du dich, sagt er immer."

„Oh!" rufe ich voller Freude. „Frack, enge Hosen und Reitstiefel! Und nach der Hochzeit fahren wir nach Italien, nach Rom! Und die Prager Studenten und den Portier nehmen wir mit!"

Aus dem Garten kommt Musik durch die stille Nacht, und die Donau rauscht, und es ist alles, alles gut!

---

1. e/r **Waise**, n: Kind ohne Vater und Mutter.

ÜBUNGEN

Textverständnis

1 Was ist richtig?

1 Was ist mit dem Haus des Einnehmers?
   a ☐ Es ist noch alles wie vorher, das Haus steht leer. Nur der Garten ist anders.
   b ☐ Es sieht noch aus wie vorher, doch jetzt wohnt ein neuer Einnehmer dort.
   c ☐ Das Haus ist ganz anders als früher, auch im Garten wachsen keine Blumen mehr, sondern Kartoffeln.

2 Maler Guido ist in Wahrheit
   a ☐ kein Maler, sondern ein Sänger.
   b ☐ die junge schöne Frau, die der Taugenichts liebt.
   c ☐ eine schöne junge Frau namens Flora.

3 Flora liebt
   a ☐ den Taugenichts.
   b ☐ einen fremden jungen Mann aus adliger Familie.
   c ☐ nur ihren Leonhard.

4 Das bucklige Männlein ist ein Spion
   a ☐ von Leonhards Familie.
   b ☐ von Floras Familie.
   c ☐ vom Haus des Grafen.

5 Die schöne Frau hatte mit dem Sohn des Grafen auf dem Balkon gestanden, als
   a ☐ sie ihn geheiratet hat.
   b ☐ er nach Hause zurück gekommen war und sie Geburtstag hatte.
   c ☐ der Graf ihre Hochzeit bekannt geben wollte.

6 Die schöne junge Frau ist die
   a ☐ Nichte des Pförtners.
   b ☐ Tochter des Pförtners.
   c ☐ Frau des Grafen.

ÜBUNGEN

7 Die schöne junge Frau ist
   a ☐ von Adel, aber nicht sehr reich.
   b ☐ nicht von Adel und nicht reich.
   c ☐ von Adel und auch sehr reich.

8 Vom Grafen bekommen die beiden
   a ☐ viele Glückwünsche.
   b ☐ ein großes Geldgeschenk.
   c ☐ ein Schloss.

Wortschatz

1 Setze die passenden Substantive ein.

> Adel   Blitz   Frack   Nichte   Posaune   Schloss
> Stiefel   Teich   Waise   Wirtshaus

a Kleiner als ein See: das ist ein ………………… .
b Schlägt beim Gewitter ein: der ………………… .
c Ein Blasinstrument wie die Trompete ist: die ………………… .
d Bei Regen trägt man besser nicht Schuhe an den Füßen, sondern: ………………… .
e Ein Kind ohne Eltern ist eine ………………… .
f Die Tochter meiner Schwester ist meine ………………… .
g Er ist Graf oder Baron und also von ………………… .
h Das trug man früher bei großen Festen (heute genügt der Smoking): ………………… .
i Da trinken wir Bier oder essen Wiener Schnitzel: das ………………… .
j Das ist größer als ein Haus, größer als eine Villa: das ist ein ………………… .

Grammatik

1 Präpositionen

> auf(2x) durch gegen hinter(2x) nach über von

a Er verstand erst …………… einer Weile.
b Musik tönte …………… die Nacht durch die Nacht.
c Die Familie intrigiert …………… den jungen Mann.
d Sie schicken einen Spion …………… ihm her.
e Man kann es sehen, das Schloss liegt da …………… dem Teich.
f Das Paar stand …………… dem Balkon.
g Ich habe lange nichts mehr …………… dir gehört.
h Wir haben gestern …………… dich gesprochen.
i Das junge Paar geht …………… Hochzeitsreise.
j Die beiden fahren …………… Rom.

Schreib's auf

1 Und dann …? Wie bei den meisten Liebesgeschichten erfahren wir nicht, wie das Eheleben der beiden Verliebten aussieht. Beschreibe in vier oder fünf Sätzen, wie sie eine der folgenden Perioden ihres Zusammenlebens verbringen.

a Die Hochzeitsreise
b Das Leben mit kleinen Kindern
c das Alter

ÜBUNGEN

 INTERNETPROJEKT

Alter Glanz – Erkundungen

In Wien und in der Nähe der Stadt gibt es natürlich sehr viele alte Schlösser. Viele von ihnen können Eichendorff als Vorbild für den Wohn- und Arbeitsort des Taugenichts gedient haben. Das Schloss, in das er nach seiner Italienreise zurückkehrt, liegt allerdings in der Nähe der Donau, und da kommen vor allem zwei in Frage: Schloss Hof und Schloss Eckartsau

Öffne die Website www.blackcat-cideb.com.
Gehe dann auf den Menüpunkt *Students*, danach auf Lesen und Üben. Suche dann den Titel des Buches und du bekommst die genaue Link-Angaben.

a Aus welcher Zeit stammen die Schlösser?
b In welchem der Schlösser hat der letzte österreichische Kaiser wann gelebt?
c Was geschieht heute in diesen Schlössern?
d Wo kann man österreichische Süßigkeiten probieren?
e Zu welchem der beiden Schlösser gibt es in der Nähe ein kleineres Gegenstück namens Niederweiden?
f Welches Schloss liegt näher bei Wien?

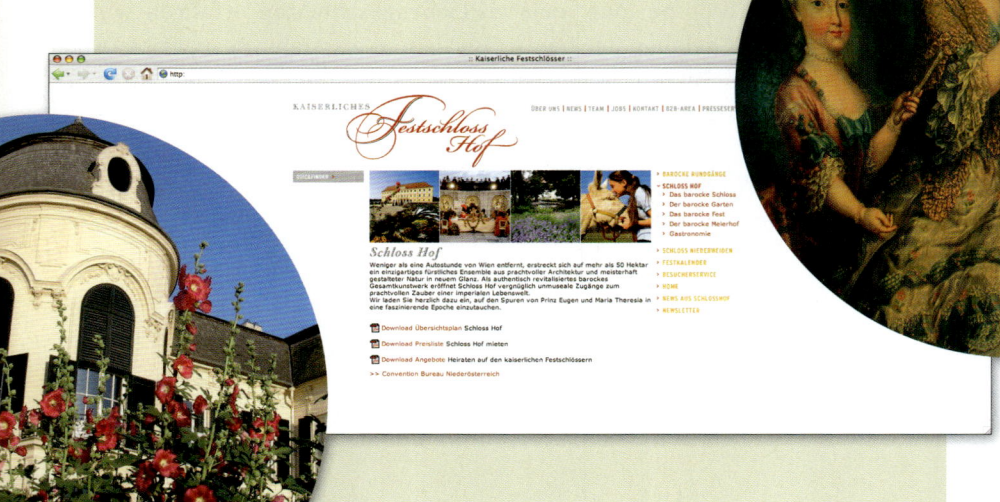

ABSCHLUSSTEST

Bildzusammenfassung

1 Diese Bilder kennst du. Sie beziehen sich auf die einzelnen Kapitel. Bringe die Bilder in die richtige zeitliche Reihenfolge und schreibe zu jedem Bild eine kurze Zusammenfassung der Handlung.

ABSCHLUSSTEST

Textverständnis

1 **Was ist richtig (R), was ist falsch (F)?**

		R	F
a	Der Taugenichts kommt aus einer reichen Familie.	☐	☐
b	Der Taugenichts heiratet eine reiche Frau.	☐	☐
c	Der Taugenichts und seine Frau bekommen ein kleines Schloss geschenkt.	☐	☐
d	Der Taugenichts hat Italienisch gelernt.	☐	☐
e	Der Taugenichts hat Leonardo und Flora geholfen.	☐	☐
f	Leonhard liebt Flora.	☐	☐
g	Flora liebt Leonhard.	☐	☐
h	Leonhards Familie will nicht, dass er sie heiratet.	☐	☐

2 **Stationen eines Taugenichts. Wo ist er gewesen, wo nicht?**

a ☐ Im Haus seines Vaters
b ☐ Auf der schönen blauen Donau.
c ☐ In der Schweiz.
d ☐ In einem Schlosspark.
e ☐ In der Nähe von Wien.
f ☐ Südlich von Rom.
g ☐ In Rom.
h ☐ In der Lombardei.
i ☐ In Wien.
j ☐ Im Aostatal.

3 **Beantworte die Fragen.**

a Am Ende bekommt er ein (kleines) Schloss. Wie hat er das gemacht?
b Mit viel Fleiß und Arbeit?
c Was ist für ihn nur wichtig gewesen?
d Was hat er meistens getan?

ABSCHLUSSTEST

Wortschatz

1 Noch einmal: Ordne die Wörter in die Tabelle ein.

> Amtmann   Bauer   Baum   Beamte(r)   Busch   Flöte
> Geige   Handwerker   Klarinette   Klavier   Lilie   Maler
> Modell   Müller   Oboe   Portier   Rose   Sänger   Trompete
> Tulpe   Zolleinnehmer

Musikinstrumente	Pflanzen	Berufe

Grammatik

1 Setze die passenden Endungen ein.

a Alle gut........ Nichtstuer können Erfolg im Leben haben.
b Das lernen wir am Beispiel des faul........Taugenichts.
c Er trifft unsauber........ Leute, hässlich........ Spione, eine zahnlos........ Alte, einen verrückt........ Mönch, aber er wandert immer weiter.
d Die laut........ und betrunken........ Maler gehen ihm auf die Nerven.
e Mit drei arm........ Studenten aus Prag spricht er gern.
f In seinem schön........ Häuschen wohnt jetzt ein ander........ langweilig........ Einnehmer.
g Er heiratet eine schön........ , jung........ Frau.
h Jetzt sitzt er auf seiner alt........ Bank und spielt auf seiner lieb........ Geige.

2 Setze die Sätze ins Perfekt.

a Er kommt aus Österreich.
b Er wohnt in der Nähe von Wien.
c Er wandert durchs Land.
d Wir fahren durch Italien.
e Dann reisen wir nach Wien zurück.
f Und was macht ihr da?
g Da heiraten wir.
h Wir feiern natürlich auch ein großes Fest

Schreib's auf

1 Du bist 18, arbeitest nicht gern und hast wenig Spaß am Lernen. Eines Tages hat dein Vater die Nase voll und sagt: „Geh hinaus in die Welt!" Was passiert dann? Wohin gehst du oder fährst du (und wie?), was machst du? Schreibe eine kurze Erzählung
(100-180 Wörter)